일본어 펜글씨 교본

당고

가나야 놀자

일본어 펜글씨 교본

당고

가나야 놀자

かな

당당하게 고지를 향해!

이혜경 지음

이케베 가즈히코 · 이토 교코 녹음

QR 첨부

당고 가나야 놀자 かな

듣기 파일

솔과학

들어가기 전에

외국어를 공부한다고 하는 것은 단순히 우리말을 그대로 옮기는 1대 1 대응이 아닙니다. 특히 일본어를 처음 배우기 시작하는 여러분에게 감히 3가지를 당부하고 들어가려 합니다. 먼저 첫째는 외국어를 익힌다고 하는 것은 하나의 또 다른 새로운 세계로 들어가는 관문임을 명심합시다. 언어는 그 나라의 문화와 세계와 정신을 담고 있으므로 외국어라는 매개체를 통하여 더 넓은 세계로 나아가는 계기로 삼아야 할 것입니다. 둘째는 어느 시인의 '너의 이름을 불러 주었더니 너는 내게로 와서 꽃이 되었다' 라는 시구처럼 처음 시작하고자 하는 언어에 대한 특별한 관심과 사랑을 가지고 출발해야 합니다. 그러면 그 효과가 배가될 것입니다. 그리고 셋째로 특히 외국어를 처음 시작하는 초급자에게 필요한 것은 철저한 모방이라 할 수 있습니다. 그 나라 사람들이 어떻게 발음하고 말을 하는지 처음에는 그대로 따라하려는 마음과 자세가 중요합니다. 특히 철자와 발음을 배우고자 하는 외국어 학습자에게는 마음을 열고 그대로 흉내 내 보고자 하는 마음이 무엇보다 중요합니다.

이 책은 일본어를 처음 시작하는 학습자를 위하여 위에 당부한 3가지를 그대로 담으려 노력했습니다. 학습자의 일본어와 일본에 대한 흥미와 관심을 유발하기 위하여 단순한 철자 익히기에서 벗어나 재미있고 다양한 방법으로 접근하였으며, 원어민의 발음과 억양을 그대로 확인하며 따라할 수 있도록 하여 초급학습자에게 무엇보다 중요한 자연스러운 일본어 발음을 익힐 수 있도록 배려하였습니다.

이 책이 여러분의 일본어 학습에 있어서 초석이 되길 바라며, 더 나아가 새로운 세계로 들어가는 관문이 되어 학습자 자신 안에 내재되어 있는 또 다른 가능성과 재능을 발견하게 되는 계기가 되길 바랍니다.

교재의 구성 및 특징

1. 글자와 관련된 그림을 함께 실어 재미있게 철자를 익힐 수 있도록 하였습니다.
2. 발음 표기와 정확한 발음에 대한 설명을 실어 쉽게 익히도록 하였습니다.
3. 철자 획순을 순서대로 표기하여 철자를 정확히 익히도록 하였습니다.
4. 그림으로 제시된 단어를 쓰면서 연습할 수 있도록 하였습니다.
5. 각 항목마다 형성평가를 두어 익힌 부분에 대한 종합정리를 할 수 있도록 하였습니다.
6. 표기법 보다 발음이 중요한 부분(탁음, 반탁음, 촉음, 발음, 장음 등)은 발음을 구분하여 들으며 연습할 수 있는 형성평가를 실어 정확한 발음 연습이 되도록 하였습니다.
7. 글자를 다 익힌 다음 노래와 그림으로 익히는 가나 항목을 두어 철자를 재미있게 듣고 노래 부르며 말할 수 있도록 하였습니다.
8. 일상생활에서 많이 쓰이는 어휘를 주제별로 정리하여 쓰면서 연습할 수 있도록 하였습니다.
9. 가나쓰기 연습 항목을 따로 두어 히라가나와 가타카나를 함께 쓰면서 연습할 수 있게 하였습니다.
10. 가나브로마이드를 첨부해 다양하게 활용할 수 있게 하였으며, 모든 항목마다 원어민의 정확한 발음을 수록한 QR코드를 첨부하여 언제 어디서나 다운로드하여 듣고 연습할 수 있도록 하였습니다.

교재의 미리보기

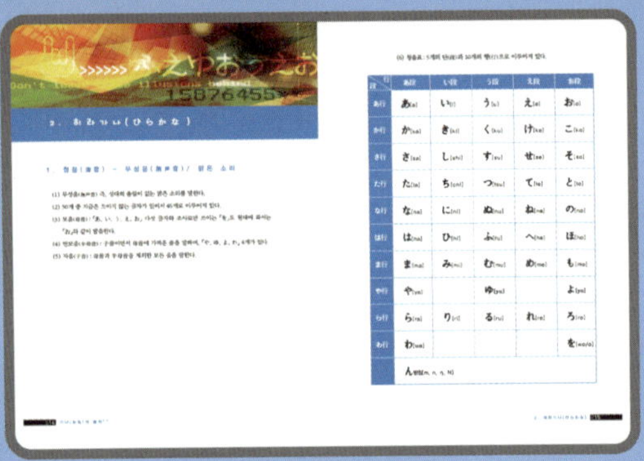

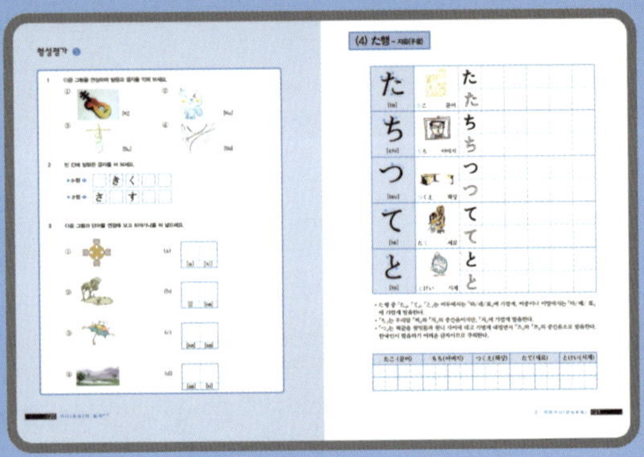

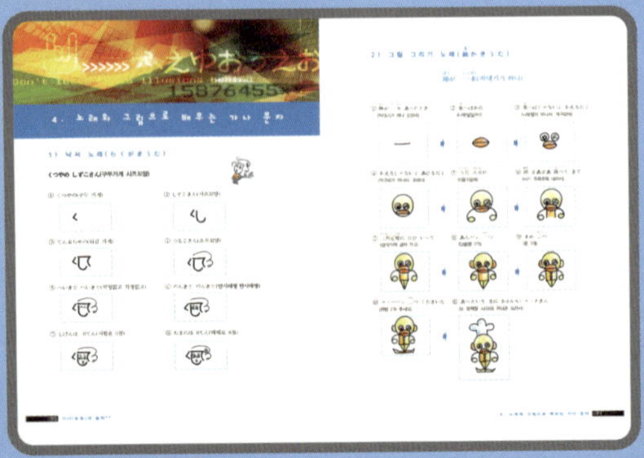

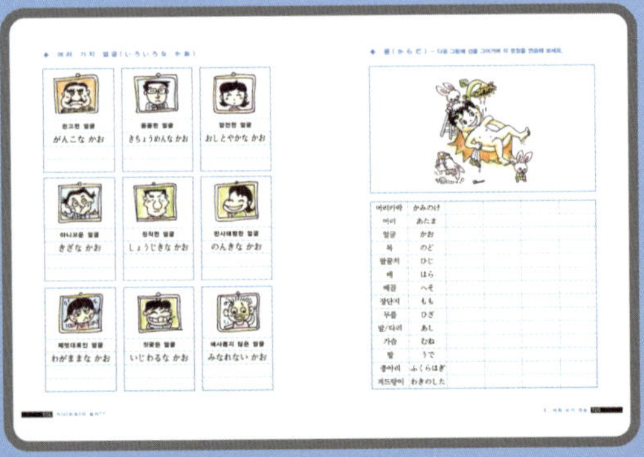

차례

1. 일본어 문자의 유래 및 종류

1) 가나의 유래

(1) 5세기 경 한자를 받아들여 사용하기 시작하다가 9, 10세기 경에 이르러 불교 승려들에 의해 가나(かな：仮名) 문자가 만들어짐.

(2) 한글이 자음과 모음으로 나누어진 음소문자(音素文字)인 반면, 일본어의 가나(かな) 문자는 음절문자(音節文字)임.

2) 가나의 구조

(1) 오십음도(五十音図：ごじゅうおんず)：일본의 가나 문자를 발음 체계에 따라 기본 청음(清音)을 5개의 단(段)과 10개의 행(行)으로 배열해 놓은 도표.

(2) 5단(段)：같은 모음(母音)으로 이루어져 있으며, 각 단의 첫 글자를 따서 「あ」단, 「い」단, 「う」단, 「え」단, 「お」단이라고 한다.

(3) 10행(行)：행은 같은 자음(子音)으로 이루어져 있으며, 각 행의 첫 글자를 따서 「あ」행, 「か」행, 「さ」행, 「た」행, 「な」행, 「は」행, 「ま」행, 「や」행, 「ら」행, 「わ」행이라고 한다.

3) 일본어 문자의 종류

일본어	私(わたし)	は	バナナ	が	好(す)きです	。
구 성	한자	히라가나	가타카나	히라가나	한자 + 히라가나	마침표
한 글	나	는	바나나	를	좋아합니다	.

(1) 히라가나(ひらがな)

- 平安시대(대략 9C 말이나 10C경)에 성립. 궁중 여성들이 주로 사용함.
- 한자(漢字)의 초서체(草書体)에서 유래됨. 한자가 뜻 글자(表意文字)인데 비하여 히라가나는 한글과 같이 소리글자(表音文字)임.

  예 安―あ, 太―た, 仁―に, 由―ゆ, 毛―も, 寸―す, 世―せ

(2) 가타카나(カタカナ)

- 스님이나 귀족 남성들이 한자 획의 일부를 따서 쓰던 문자에서 유래.
- 발음은 히라가나와 동일하고 [불완전한 글자]라는 의미로 주로 한자 훈독에 사용됨.

  예 阿―ア, 多―タ, 三―ミ, 千―チ, 八―ハ
- 현대 일본어에서는 제한적으로 외래어 표기, 외국의 지명(地名)이나 인명(人名), 의성어, 의태어, 동・식물 이름, 전보문, 강조하고 싶은 부분에 주로 씀.

(3) 한자(漢字)

- 상용한자 2136자 제정, 국자(国字：こくじ) 120자 정도를 제정하여 사용함.
- 읽는 방법에 따라 분류하면 다음과 같다.

  음독(音讀)：韓国(かんこく)

  훈독(訓讀)：手紙(てがみ)

  음독+훈독：場所(ばしょ)

  일본식 읽기(当て字)：大人(おとな).

4) 일본어의 악센트(アクセント: Accent) – 고저(高低) 악센트

일본어에는 한국어와는 달리 소리의 고저에 따라 의미가 변하는 경우가 있다. 예를 들면, 앞 음절을 높게 읽으면 "비"라는 의미가 되지만, 뒤 음절을 높게 읽으면 "엿"이라는 의미가 된다. 즉, 일본어는 高低악센트이고, 하나의 단어 속에 high(高)는 한 번밖에 나타나지 않는다.

あ′め (雨)

H	あ	
L		め

あめ′ (糖)

H		め
L	あ	

か′み (神)

H	か	
L		み

かみ′ (紙)

H		み
L	か	

(1) 제1박과 제2박의 높이는 반드시 다르다.

즉, 제1박이 높으면 제2박은 반드시 낮고, 제1박이 낮으면 제2박은 반드시 높다.

(2) 한 단어 안에서는 음의 높이가 한 번 낮아지면 다시 높아지지 않는다.

예 ⓐ わたしが もうしました。(제가 말했습니다.)

예 ⓑ わたしが もうしました。(제가 벌써 했습니다.)

따라서 예ⓐ는 'もうしました'가 하나의 단어로 인식되지만, 예ⓑ는 'もうしました'가 하나의 단어가 아니라 'もう'와 'しました'의 두 단어로 인식된다.

(3) 악센트 종류는 다음의 4가지가 있다.

① 頭高形(두고형) : ひ′▷(火), は′る(春), い′のち(命)

② 中高形(중고형) : ここ′ろ(心), おか′し(菓子), み′ずう′み(湖)

③ 尾高形(미고형) : はな′(花), やま′(山), おとこ′(男)

④ 平板形(평판형) : とり(鳥), さくら(桜), ともだち(友達)

• ▷는 조사 또는 활용의 어미를 나타낸다.

예 ひが ⇒ ひ▷ が

5) 일본어 문자의 자원(字源)

(1) 히라가나(ひらがな)

あ 安	か 加	さ 佐	た 太	な 奈	は 波	ま 末	や 也	ら 良	わ 和	ん 无
い 以	き 幾	し 之	ち 知	に 仁	ひ 比	み 美		り 利		
う 宇	く 久	す 寸	つ 川	ぬ 奴	ふ 不	む 武	ゆ 由	る 留		
え 衣	け 計	せ 世	て 天	ね 禰	へ 部	め 女		れ 惠		
お 於	こ 己	そ 曾	と 止	の 乃	ほ 保	も 毛	よ 與	ろ 呂	を 遠	

(2) 가타카나(カタカナ)

ア 阿	カ 加	サ 散	タ 多	ナ 奈	ハ 八	マ 万	ヤ 也	ラ 良	ワ 和	ン 尔
イ 伊	キ 幾	シ 之	チ 千	ニ 二	ヒ 比	ミ 三		リ 利		
ウ 宇	ク 久	ス 須	ツ 川	ヌ 奴	フ 不	ム 牟	ユ 由	ル 流		
エ 江	ケ 介	セ 世	テ 天	ネ 祢	ヘ 部	メ 女		レ 礼		
オ 於	コ 己	ソ 曾	ト 止	ノ 乃	ホ 保	モ 毛	ヨ 与	ロ 呂	ヲ 乎	

ひらがな[hiragana]

五十音図

行＼段	あ段	い段	う段	え段	お段
あ行	あ 아 [a]	い 이 [i]	う 우 [u]	え 에 [e]	お 오 [o]
か行	か 카 [ka]	き 키 [ki]	く 쿠 [ku]	け 케 [ke]	こ 코 [ko]
さ行	さ 사 [sa]	し 시 [shi]	す 스 [su]	せ 세 [se]	そ 소 [so]
た行	た 타 [ta]	ち 치 [chi]	つ 츠 [tsu]	て 테 [te]	と 토 [to]
な行	な 나 [na]	に 니 [ni]	ぬ 누 [nu]	ね 네 [ne]	の 노 [no]
は行	は 하 [ha]	ひ 히 [hi]	ふ 후 [fu]	へ 헤 [he]	ほ 호 [ho]
ま行	ま 마 [ma]	み 미 [mi]	む 무 [mu]	め 메 [me]	も 모 [mo]
や行	や 야 [ya]		ゆ 유 [yu]		よ 요 [yo]
ら行	ら 라 [ra]	り 리 [ri]	る 루 [ru]	れ 레 [re]	ろ 로 [ro]
わ行	わ 와 [wa]				を 오 [wo/o]

ん 응 받침 [m, n, ŋ, N]

カタカナ [katakana]

五十音図

行＼段	ア段	イ段	ウ段	エ段	オ段
ア行	ア 아 [a]	イ 이 [i]	ウ 우 [u]	エ 에 [e]	オ 오 [o]
カ行	カ 카 [ka]	キ 키 [ki]	ク 쿠 [ku]	ケ 케 [ke]	コ 코 [ko]
サ行	サ 사 [sa]	シ 시 [shi]	ス 스 [su]	セ 세 [se]	ソ 소 [so]
タ行	タ 타 [ta]	チ 치 [chi]	ツ 츠 [tsu]	テ 테 [te]	ト 토 [to]
ナ行	ナ 나 [na]	ニ 니 [ni]	ヌ 누 [nu]	ネ 네 [ne]	ノ 노 [no]
ハ行	ハ 하 [ha]	ヒ 히 [hi]	フ 후 [fu]	ヘ 헤 [he]	ホ 호 [ho]
マ行	マ 마 [ma]	ミ 미 [mi]	ム 무 [mu]	メ 메 [me]	モ 모 [mo]
ヤ行	ヤ 야 [ya]		ユ 유 [yu]		ヨ 요 [yo]
ラ行	ラ 라 [ra]	リ 리 [ri]	ル 루 [ru]	レ 레 [re]	ロ 로 [ro]
ワ行	ワ 와 [wa]				ヲ 오 [wo/o]

ン 응 받침 [m, n, ŋ, N]

2. 히라가나(ひらがな)

1. 청음(清音) - 무성음(無声音) / 맑은 소리

(1) 무성음(無声音) 즉, 성대의 울림이 없는 맑은 소리를 말한다.

(2) 50개 중 지금은 쓰이지 않는 글자가 있어서 46개로 이루어져 있다.

(3) 모음(母音): 「あ, い, う, え, お」 다섯 글자와 조사로만 쓰이는 「を」도 현대에 와서는 「お」와 같이 발음한다.

(4) 반모음(半母音): 자음이면서 모음에 가까운 음을 말하며, 「や, ゆ, よ, わ」 4개가 있다.

(5) 자음(子音): 모음과 반모음을 제외한 모든 음을 말한다.

(6) 청음표 : 5개의 단(段)과 10개의 행(行)으로 이루어져 있다.

行＼段	あ段	い段	う段	え段	お段
あ行	あ[a]	い[i]	う[u]	え[e]	お[o]
か行	か[ka]	き[ki]	く[ku]	け[ke]	こ[ko]
さ行	さ[sa]	し[shi]	す[su]	せ[se]	そ[so]
た行	た[ta]	ち[chi]	つ[tsu]	て[te]	と[to]
な行	な[na]	に[ni]	ぬ[nu]	ね[ne]	の[no]
は行	は[ha]	ひ[hi]	ふ[fu]	へ[he]	ほ[ho]
ま行	ま[ma]	み[mi]	む[mu]	め[me]	も[mo]
や行	や[ya]		ゆ[yu]		よ[yo]
ら行	ら[ra]	り[ri]	る[ru]	れ[re]	ろ[ro]
わ行	わ[wa]				を[wo/o]
	ん 받침[m, n, ŋ, N]				

(1) あ행 - 모음(母音)

あ [a]	 あい 사랑	あ あ					
い [i]	 いえ 집	い い					
う [u]	 うえ 위	う う					
え [e]	 え 그림	え え					
お [o]	 おう 왕	お お					

- 「あ」, 「い」, 「お」는 우리말 '아', '이', '오'와 거의 비슷한 소리이다. 단, 「あ」는 입을 크게 벌리지 않도록 주의하고, 「お」는 입술을 너무 내밀지 않도록 한다.
- 「う」는 '우'와 '으'의 중간음이지만, '으'에 가까운 평순모음이다. 입술을 둥글게 내밀지 않도록 한다.
- 「え」는 우리말의 '에'와 거의 비슷한 소리이다. '애'로 발음하지 않도록 주의한다.

あい (사랑)	いえ (집)	うえ (위)	え(그림)	おう(왕)

1 다음 그림을 연상하며 발음과 글자를 익혀 보세요.

①

[i]

②

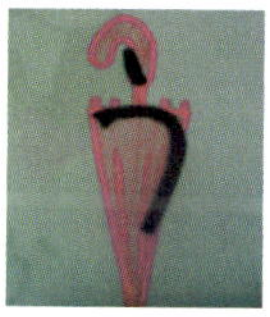

[u]

③

[e]

2 다음 'あ행'의 글자를 연결하여 선으로 연결해 보세요. 그리고 좋아하는 색으로 색칠해 보세요.

さ	し	す	せ	い	た	お	ち	つ	て	と	さ
は	ひ	ふ	う	へ	あ	ほ	え	す	せ	そ	さ
ま	み	む	え	め	も	や	う	ゆ	よ	ら	り
わ	を	ん	ま	お	ひ	い	は	ひ	ふ	か	へ
か	き	く	け	こ	あ	か	ち	つ	て	と	さ

3 다음 발음과 그림의 단어를 일본어로 써 보세요.

① [o]— ☐ ② [a]— ☐ ③ [e]— ☐

④ [u]— ☐ ⑤ [i]— ☐

⑥

☐☐

[ai]

⑦

☐☐

[ie]

⑧

☐☐

[ue]

⑨

☐☐

[ou]

(2) か행 – 자음(子音)

か [ka]	 か お 얼굴	か か
き [ki]	 あ き 가을	き き
く [ku]	 か く 쓰다	く く
け [ke]	 い け 연못	け け
こ [ko]	 こ え 목소리	こ こ

• か행은 어두에 올 때는 우리말 「카/키/쿠/케/코」 발음과 비슷하지만, 어중이나 어말에서는 「까/끼/ 꾸/께/꼬」에 가깝게 발음한다. 「く」는 '쿠' 와 '크' 중간음으로 발음한다.

かお (얼굴)	あき(가을)	かく (쓰다)	いけ(연못)	こえ(목소리)

(3) さ행 – 자음(子音)

さ [sa]	 かさ 우산	さ さ					
し [shi]	 しか 사슴	し し					
す [su]	 いす 의자	す す					
せ [se]	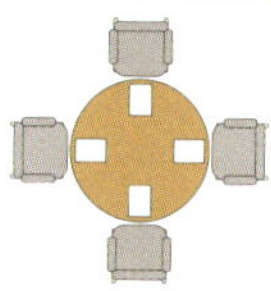 せき 좌석	せ せ					
そ [so]	 そこ 거기	そ そ					

- 「さ」, 「す」, 「せ」, 「そ」는 [s]로 발음하고, 「し」는 [ʃ]로 발음한다. [ʃ]는 영어의 [ʃip]의 입모양처럼 입술 모양을 좀더 옆으로 길게 하여 발음한다.
- 「す」는 우리말의 '수'와 '스'의 중간음에 가깝게 발음한다.

かさ (우산)	しか(사슴)	いす (의자)	せき(좌석)	そこ(거기)

형성평가 ❷

1 다음 그림을 연상하며 발음과 글자를 익혀 보세요.

①  [Ki]

②  [Ku]

③  [Su]

④  [So]

2 빈 칸에 알맞은 글자를 써 보세요.

▶か행 ➔		き	く		
▶さ행 ➔	さ		す		

3 다음 그림과 단어를 연결해 보고 히라가나를 써 넣으세요.

① 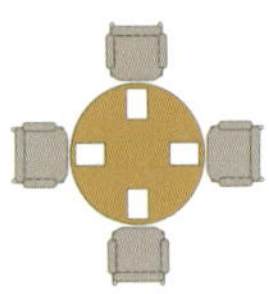 (a) [a] [ki]

②  (b) [i] [ke]

③  (c) [ka] [sa]

④  (d) [se] [ki]

(4) た행 – 자음(子音)

た [ta]	 たこ 문어	た た
ち [chi]	 ちち 아버지	ち ち
つ [tsu]	 つくえ 책상	つ つ
て [te]	 たて 세로	て て
と [to]	 とけい 시계	と と

- た행 중「た」,「て」,「と」는 어두에서는「타/테/토」에 가깝게, 어중이나 어말에서는「따/떼/ 또」에 가깝게 발음한다.
- 「ち」는 우리말「찌」와「치」의 중간음이지만,「치」에 가깝게 발음한다.
- 「つ」는 혀끝을 윗잇몸과 윗니 사이에 대고 가볍게 내밀면서「츠」와「쯔」의 중간음으로 발음한다. 한국인이 발음하기 어려운 글자이므로 주의한다.

たこ (문어)	ちち(아버지)	つくえ(책상)	たて(세로)	とけい(시계)

(5) な행 – 자음(子音)

な [na]	 なつ 여름	な						
に [ni]	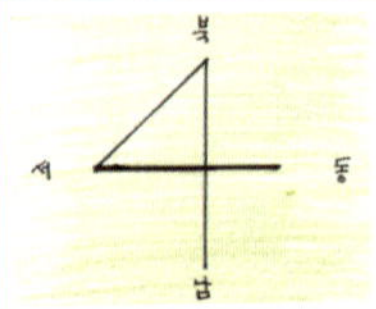 にし 서쪽	に						
ぬ [nu]	 いぬ 개	ぬ						
ね [ne]	 ねこ 고양이	ね						
の [no]	 つの 뿔	の						

- 「な」, 「に」, 「ね」, 「の」는 우리말 「나/니/네/노」 발음과 거의 같다.
- 「ぬ」는 '누' 와 '느' 의 중간음으로 발음한다.

なつ (여름)	にし(서쪽)	いぬ(개)	ねこ(고양이)	つの(뿔)

1 다음 그림을 연상하며 발음과 글자를 익혀 보세요.

① 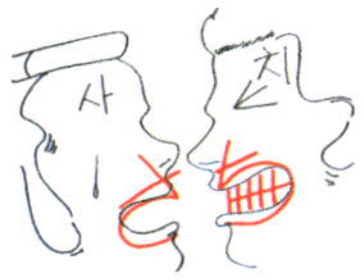
[sa]/[chi]

② 
[to]

③ 
[ne]

④ 
[no]

2 그림을 보고 빈 칸에 들어갈 알맞은 히라가나를 보기에서 찾아 써 보세요.

〈보기〉 ね た な つ と ぬ の

① 
(　)(こ)

② 
(い)(　)

③ 
(　)(つ)

④ 
(　)(け)(い)

3 た행과 な행을 찾아 빗금을 칠하며 어떤 모양이 나오는지 맞춰 보세요.

あ	い	う	え	お	た	か	き	く	け	こ
さ	し	す	せ	に	つ	ぬ	そ	は	ひ	ふ
へ	ほ	ま	ね	み	む	め	ち	も	や	ゆ
ん	を	の	わ	ろ	れ	る	り	て	ら	よ
か	と	な	に	ぬ	ね	の	た	ち	つ	さ
き	は	ら	わ	さ	つ	か	こ	え	せ	し
く	ほ	り	を	し	て	き	あ	お	そ	す
け	ふ	る	ん	す	と	く	い	ら	り	る
こ	へ	れ	ね	せ	な	け	う	れ	ろ	ん
あ	い	う	え	ぬ	に	お	ま	み	む	め

(6) は행 – 자음(子音)

は [ha]	 はな 꽃	は は
ひ [hi]	 ひこうき 비행기	ひ ひ
ふ [fu]	 ふね 배	ふ ふ
へ [he]	 へそ 배꼽	へ へ
ほ [ho]	 ほし 별	ほ ほ

- は행 중「は」,「へ」,「ほ」의 발음은 우리말「ㅎ」과 거의 같다. 단,「は」는 조사「~은/는」으로 쓰일 때는 [wa]로 발음한다.「へ」는 조사「~에/로」로 쓰일 때는 [e]로 발음한다.「は」행의 경우 어중에서 'ㅎ'이 탈락하지 않도록 주의하고 하나하나 명확하게 발음한다.
- 「ひ」는 우리말 '히' 보다 좀더 강하게 발음한다.
- 「ふ」는 우리말 '흐'와 '후'의 중간음으로 가볍게 바람을 내뱉듯 발음한다.

はな (꽃)	ひこうき(비행기)	ふね(배)	へそ(배꼽)	ほし(별)

(7) ま행 – 자음(子音)

ま [ma]	 まち 거리	ま ま
み [mi]	 みち 길	み み
む [mu]	 むし 벌레	む む
め [me]	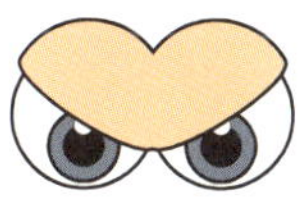 め 눈	め め
も [mo]	 もも 복숭아	も も

• 「ま」, 「み」, 「む」, 「め」, 「も」는 우리말 'ㅁ'과 거의 발음이 같다. 「む」는 우리말 '무'와 '므' 중간음으로 발음한다.

まち(거리)	みち(길)	むし(벌레)	め(눈)	もも(복숭아)

형성평가 4

1 다음 그림을 연상하며 발음과 글자를 익혀 보세요.

① 

[hi]

② 

[fu]

③ 

[ho]

④ 

[mi]

⑤ 

[mu]

⑥ 

[me]

2 빈 칸에 알맞은 글자를 써 보세요.

▶は행 ➔		ひ		へ	
▶ま행 ➔		み			も

3 그림 속에서 주어진 단어를 찾아 색칠하고 의미를 익혀 보세요.

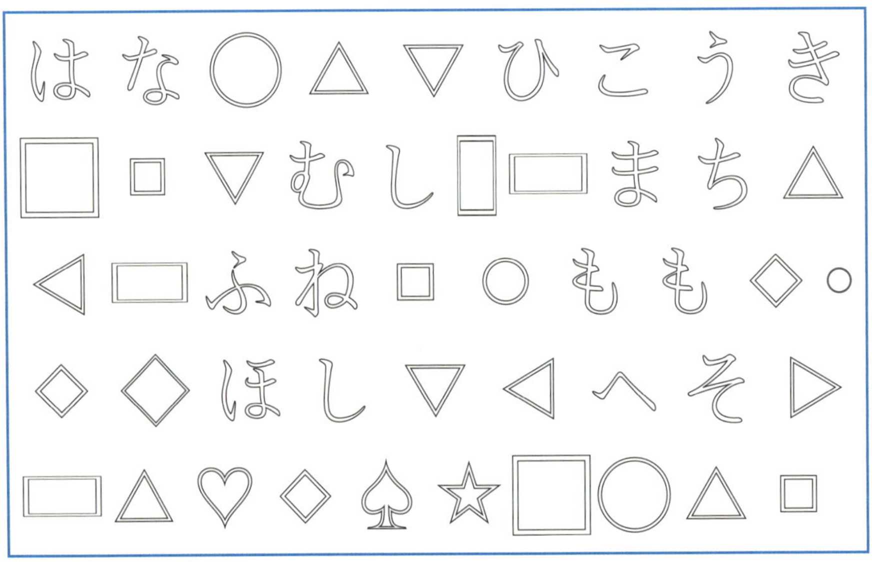

(8) や행 – 반모음(半母音)

글자	그림	연습
や [ya]	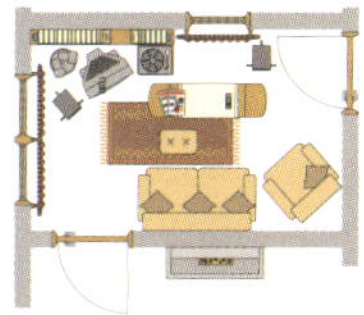 へや 방	や や
ゆ [yu]	 ゆき 눈	ゆ ゆ
よ [yo]	 よい 좋다	よ よ

• 「や」, 「ゆ」, 「よ」는 반모음으로 우리말 '야' '유' '요'와 거의 같다. 단, 「よ」는 입술을 앞으로 내밀지 않도록 주의한다.

へや(방)	ゆき(눈)	よい(좋다)

(9) ら행 – 자음(子音)

ら [ra]	 そら 하늘	ら ら
り [ri]	 あり 개미	り り
る [ru]	 くるま 자동차	る る
れ [re]	 れきし 역사	れ れ
ろ [ro]	 ろく 6	ろ ろ

• ら행은 영어의 [l]과 [r]을 모두 나타낸다. 우리말 자음 'ㄹ'과 거의 같으며 혀끝이 윗 잇몸을 가볍게 한 번만 두드리며 내는 소리이다.

そら(하늘)	あり(개미)	くるま(자동차)	れきし(역사)	ろく(6)

(10) わ행 – 반모음(半母音)

わ [wa]	 わに 악어	わ					
		わ					
を [wo/o]	 ゆめをみる 꿈을 꾸다	を					
		を					

- 「わ」는 우리말 '와' 와 거의 같다. 앞의 「や」행과 함께 반모음에 해당한다.
- 「あ」행의 「お」와 발음이 같다. 단, 일반 단어에는 쓰이지 않고 목적격 조사 「~을/를」로만 쓰인다. 컴퓨터 자판에서는 「wo」로 입력한다.

받침 역할 [51쪽 참조]

ん [m/n/ŋ/N]	 みかん 귤	ん					
		ん					

- 받침으로만 쓰인다. 뒤에 오는 글자에 따라 [m/n/ŋ/N]으로 발음되며, 우리말 'ㅁ' 'ㄴ' 'ㅇ'에 해당된다.

わに(악어)				ゆめをみる(꿈을 꾸다)										みかん(귤)					

형성평가 5

1　다음 그림을 연상하며 발음과 글자를 익혀 보세요.

① 

[ra]

② 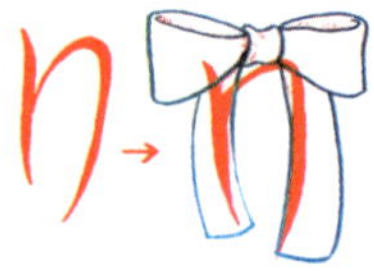

[ri]

③ 

[ro]

④ 

[ne]

⑤ 

[re]

⑥ 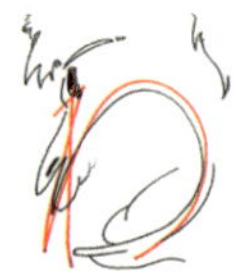

[wa]

2　や행과 ら행, わ행을 찾아 네모 칸에 빗금을 칠하면서 발음해 보세요.

か	き	く	や	に	ぬ	ね	ゆ	の	は	ひ	よ	ふ	へ	ほ
さ	ら	あ	り	ま	み	る	む	め	れ	は	ひ	ろ	ふ	へ
あ	い	わ	う	え	を	お	か	き	を	く	た	わ	ち	つ

3　그림에 해당하는 글자를 찾아 서로 연결해 보세요.

① 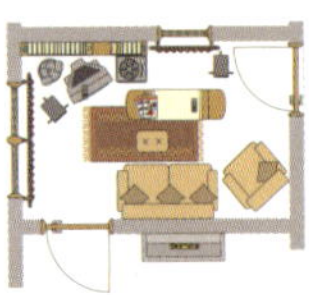

② 

③ 

④ 

Ⓐ へ　Ⓑ あ　Ⓒ そ　Ⓓ わ

ⓐ り　ⓑ や　ⓒ に　ⓓ ら

2. 탁음(濁音:だくおん) - 탁한 소리(유성자음)

(1) 청음의 자음 중에서 「か」행, 「さ」행, 「た」행, 「は」행 글자의 오른쪽 어깨(상단)에 탁점(濁点)부호 「 〃 」(탁음 부호, にごり라 함)를 붙임.

(2) 우리말 '가', '자', '다', '바' 보다는 성대의 진동이 강한 유성 자음임. 우리말은 어두에 유성자음이 올 수 없지만, 일본어의 경우 어두에 탁음이 올 수 있으므로 발음에 주의해야 함. 따라서 탁음을 발음하기 전 준비음(유령의 음)을 속으로 준비한 후 발성함.

(3) 탁음표

が[ga]	ぎ[gi]	ぐ[gu]	げ[ge]	ご[go]
ざ[za]	じ[ji]	ず[zu]	ぜ[ze]	ぞ[zo]
だ[da]	ぢ[ji]	づ[zu]	で[de]	ど[do]
ば[ba]	び[bi]	ぶ[bu]	べ[be]	ぼ[bo]

(1) が 행

が [ga]	 かがみ 거울	が が
ぎ [gi]	 かぎ 열쇠	ぎ ぎ
ぐ [gu]	 およぐ 헤엄치다	ぐ ぐ
げ [ge]	 げた 게따	げ げ
ご [go]	 いちご 딸기	ご ご

- 「が」행은 우리말의 '가', '기', '구', '게', '고'를 유성자음으로 성대를 울려서 발음한다.
- 어두에 오는 「が」행의 발음은 우리말에는 없는 발음이므로 성대를 울릴 준비를 한 후(준비음) 발성한다.
  '기차'와 '아기'의 '기' 중 아기의 '기' 발음으로 어두나 어중, 어미에서도 같게 발음한다.

かがみ(거울)	かぎ(열쇠)	およぐ(헤엄치다)	げた(게따)	いちご(딸기)

(2) ざ 행

ざ [za]	 ひざ 무릎	ざ ざ
じ [ji]	 ひつじ 양	じ じ
ず [zu]	 みず 물	ず ず
ぜ [ze]	 かぜ 바람	ぜ ぜ
ぞ [zo]	 かぞく 가족	ぞ ぞ

- 「ざ」행은 우리말의 '자', '지', '즈', '제', '조'와 비슷하지만 유성자음으로 성대를 울려서 발음한다.
- 어두에 오는 「ざ」행의 발음은 우리말에는 없는 발음이므로 성대를 울릴 준비를 한 후(준비음) 발성한다.
  '사기'와 '기사'의 '자' 중 기자의 '자' 발음으로 어두나 어중, 어미에서도 같게 발음한다.

ひざ(무릎)	ひつじ(양)	みず(물)	かぜ(바람)	かぞく(가족)

(3) だ 행

だ [da]	 だれ 누구	だ	だ
ぢ [ji]	 はなぢ 코피	ぢ	ぢ
づ [zu]	 こづかい 용돈	づ	づ
で [de]	 うで 팔	で	で
ど [do]	 まど 창문	ど	ど

- 「だ」, 「で」, 「ど」는 우리말의 '다', '데', '도'와 비슷하지만 유성자음으로 성대를 울려서 발음한다.
- 어두에 오는 「だ」행의 발음은 우리말에는 없는 발음이므로 성대를 울릴 준비를 한 후(준비음) 발성한다.
  '다기'와 '가다'의 '다'중 가다의 '다' 발음으로, 어두나 어중, 어미에서도 같게 발음한다.
- 「ぢ」와 「じ」, 「づ」와 「ず」는 발음이 같다. 단, 보통은 「じ」, 「ず」를 주로 사용하지만, 특별한 경우 즉, 합성어(はなぢ)나 같은 문자가 연속될 경우(つづく/ちぢむ)는 「ぢ」, 「づ」를 사용한다.

だれ(누구)	はなぢ(코피)	こづかい(용돈)	うで(팔)	まど(창문)

(4) ば 행

ば [ba]	 ばら 장미	ば ば
び [bi]	 へび 뱀	び び
ぶ [bu]	 ぶた 돼지	ぶ ぶ
べ [be]	 かべ 벽	べ べ
ぼ [bo]	 ぼく 나	ぼ ぼ

- 「ば」행은 우리말 '바', '비', '부', '베', '보'와 비슷하지만 유성자음으로 성대를 울려서 발음한다.
- 어두에 오는「 ば」행의 발음은 우리말에는 없는 발음이므로 성대를 울릴 준비를 한 후(준비음) 발성한다.
  '바다'와 '어부바'의 '바' 중 어부바의 '바' 발음으로, 어두나 어중, 어미에서도 같게 발음한다.

ばら(장미)	へび(뱀)	ぶた(돼지)	かべ(벽)	ぼく(나)

3. 반탁음(半濁音：はんだくおん)

(1) 청음의 자음 중에서 「は」행 글자의 오른쪽 어깨(상단)에 반탁점(半濁点) 「°」(반탁음 부호)를 붙임.

(2) 우리말 'ㅍ'에 가깝다. 단, 어중이나 어말에서는 '빠', '삐', '쁘/뿌', '뻬', '뽀'에 가깝게 발음함.

(3) 반탁음표

ぱ[pa]	ぴ[pi]	ぷ[pu]	ぺ[pe]	ぽ[po]

(1) ぱ 행

ぱ [pa]	 ぱたぱた 톡톡	ぱ ぱ
ぴ [pi]	 ぴかぴか 반짝반짝	ぴ ぴ
ぷ [pu]	 ぷかぷか 둥실둥실	ぷ ぷ
ぺ [pc]	 ぺらぺら 술술	ぺ ぺ
ぽ [po]	 ぽろぽろ 주르르	ぽ ぽ

• 「ぱ」행은 우리말 '파', '피', '푸', '페', '포'와 비슷하지만, 어중이나 어말에서는 '빠', '삐', '뿌', '뻬', '뽀'에 가깝게 발음된다. 입술을 다물었다가 숨을 터트리듯 발음하여 내는 소리이다. 「ぷ」는 '푸'와 '프' 중간음으로 발음한다.

ぱたぱた(톡톡)	ぴかぴか(반짝반짝)	ぷかぷか(둥실둥실)	ぺらぺら(술술)	ぽろぽろ(주르르)

형성평가 ⑥

1 발음해 보며, 두 음이 서로 같은지 다른지 비교해 봅시다. 두 음이 같으면 「おなじ」에, 다르면 「ちがう」에 ○표 해 봅시다.

보기	おなじ		ちがう	○
①	おなじ		ちがう	
②	おなじ		ちがう	
③	おなじ		ちがう	
④	おなじ		ちがう	
⑤	おなじ		ちがう	
⑥	おなじ		ちがう	
⑦	おなじ		ちがう	
⑧	おなじ		ちがう	
⑨	おなじ		ちがう	
⑩	おなじ		ちがう	

2 발음해 보며, 두 단어 중 어느 쪽의 발음인지 골라 봅시다.

보기	かかみ		かがみ	○
①	かき		かぎ	
②	けた		げた	
③	ひさ		ひざ	
④	みす		みず	
⑤	たれ		だれ	
⑥	こつかい		こづかい	
⑦	はら		ばら	
⑧	ふた		ぶた	
⑨	ばたばた		ぱたぱた	
⑩	ぼろぼろ		ぽろぽろ	

4. 요음(拗音)

(1) 요음은 「い」단 중에서 「い」를 제외한 단의 글자 「き」, 「し」, 「ち」, 「に」, 「ひ」, 「み」, 「り」, 「ぎ」, 「じ」, 「ぢ」, 「び」, 「ぴ」 오른쪽 밑에 「や, ゆ, よ」를 작게 붙여 쓴다.

(2) 두 글자로 이루어져 있지만 한 박(1음절)의 길이로 발음해야 한다.

(3) 요음표

きゃ[kya]	きゅ[kyu]	きょ[kyo]
しゃ[sya]	しゅ[syu]	しょ[syo]
ちゃ[cha]	ちゅ[chu]	ちょ[cho]
にゃ[nya]	にゅ[nyu]	にょ[nyo]
ひゃ[hya]	ひゅ[hyu]	ひょ[hyo]
みゃ[mya]	みゅ[myu]	みょ[myo]
りゃ[rya]	りゅ[ryu]	りょ[ryo]

ぎゃ[gya]	ぎゅ[gyu]	ぎょ[gyo]
じゃ[zya]	じゅ[zyu]	じょ[zyo]
びゃ[bya]	びゅ[byu]	びょ[byo]

ぴゃ[pya]	ぴゅ[pyu]	ぴょ[pyo]

きゃ [kya]	きゃ				
	きゃ				

きゅ [kyu]	きゅ				
	きゅ				

きょ [kyo]	きょ				
	きょ				

• 우리말 「캬」, 「큐」, 「쿄」와 발음이 거의 같다.

しゃ [sha]	しゃ				
	しゃ				

しゅ [shu]	しゅ				
	しゅ				

しょ [sho]	しょ				
	しょ				

• 우리말 「샤」, 「슈」, 「쇼」와 발음이 거의 같다.

ちゃ [cha]	ちゃ				
	ちゃ				

ちゅ [chu]	ちゅ				
	ちゅ				

ちょ [cho]	ちょ				
	ちょ				

• 우리말 「챠」, 「츄」, 「쵸」와 발음이 거의 같다.

にゃ [nya]	にゃ				
	にゃ				

にゅ [nyu]	にゅ				
	にゅ				

にょ [nyo]	にょ				
	にょ				

• 우리말 「냐」, 「뉴」, 「뇨」와 발음이 거의 같다.

ひゃ [hya]	ひゃ				
	ひゃ				

ひゅ [hyu]	ひゅ				
	ひゅ				

ひょ [hyo]	ひょ				
	ひょ				

• 우리말 「햐」, 「휴」, 「효」와 발음이 거의 같다.

みゃ [mya]	みゃ				
	みゃ				

みゅ [myu]	みゅ				
	みゅ				

みょ [myo]	みょ				
	みょ				

• 우리말 「먀」, 「뮤」, 「묘」와 발음이 거의 같다.

りゃ [rya]	りゃ				
	りゃ				

りゅ [ryu]	りゅ				
	りゅ				

りょ [ryo]	りょ				
	りょ				

• 우리말 「랴」, 「류」, 「료」와 발음이 거의 같다.

ぎゃ [gya]	ぎゃ				
	ぎゃ				

ぎゅ [gyu]	ぎゅ				
	ぎゅ				

ぎょ [gyo]	ぎょ				
	ぎょ				

• 우리말 「갸」, 「규」, 「교」와 발음이 거의 같다.

じゃ [zya]	じゃ				
	じゃ				

じゅ [zyu]	じゅ				
	じゅ				

じょ [zyo]	じょ				
	じょ				

- 우리말 「쟈」, 「쥬」, 「죠」와 발음이 거의 같다.
- 「ぢゃ」, 「ぢゅ」, 「ぢょ」, 「じゃ」, 「じゅ」, 「じょ」와 발음이 같아서 거의 쓰이지 않는다.

びゃ [bya]	びゃ				
	びゃ				

びゅ [byu]	びゅ				
	びゅ				

びょ [byo]	びょ				
	びょ				

- 우리말 「뱌」, 「뷰」, 「뵤」와 발음이 거의 같다.

ぴゃ [pya]	ぴゃ				
	ぴゃ				

ぴゅ [pyu]	ぴゅ				
	ぴゅ				

ぴょ [pyo]	ぴょ				
	ぴょ				

- 우리말 「퍄」, 「퓨」, 「표」와 발음이 거의 같다.
- 어중이나 어말에서는 「뺘」, 「쀼」, 「뾰」로 발음되기도 한다.

♣ 다음 그림에 해당하는 단어를 쓰면서 요음을 익혀 보세요.

やきゅう (야구)

いしゃ (의사)

ひょう (표범)

りょうし (어부)

りゅう (공룡)

りょうり (요리)

ゆうしょう (우승)

にょろにょろ (꿈틀꿈틀)

きゃく (손님)

かぼちゃ (호박)

ぎゅうにゅう (우유)

じゅう (10)

くじゃく (공작)

まじょ (마녀)

ぴょこぴょこ (폴짝폴짝)

1 발음해 보며, 두 음이 서로 같은지 다른지 비교해 봅시다. 두 음이 같으면 「おなじ」에, 다르면 「ちがう」에 ○표 해 봅시다.

보기	おなじ	○	ちがう	

①	おなじ		ちがう	
②	おなじ		ちがう	
③	おなじ		ちがう	
④	おなじ		ちがう	
⑤	おなじ		ちがう	
⑥	おなじ		ちがう	
⑦	おなじ		ちがう	
⑧	おなじ		ちがう	
⑨	おなじ		ちがう	
⑩	おなじ		ちがう	

2 발음해 보며, 두 단어 중 어느 쪽의 발음인지 골라 봅시다.

보기	びょういん		びよういん	○

①	いしゃ		いしや	
②	ひょう		ひよう	
③	りゅう		りゆう	
④	ゆうしょう		ゆうそう	
⑤	しゃけ		さけ	
⑥	にょろにょろ		のろのろ	
⑦	きゃく		きやく	
⑧	じゅう		じゆう	
⑨	くじゃく		くざく	
⑩	ぴょこぴょこ		ぽこぽこ	

5. 촉음(促音 : そくおん) -「っ」

(1) 받침 역할을 하며, 「た」행의 「つ」를 작게 쓴다.

(2) 촉음은 뒤에 오는 글자의 첫 받침으로 발음되며, 우리말의 받침 「ㄱ」, 「ㅅ」, 「ㄷ」, 「ㅂ」과 같이 발음된다. 단, 어중에만 위치한다.

(3) 기본적으로 「か」행, 「さ」행, 「た」행, 「ぱ」행 앞에만 위치한다.

(4) 받침도 한 음절(1박)의 길이를 가진다.

(음의 장단에 따라 뜻이 달라지는 경우가 있음에 유의한다.)

예 かこ[kako] : 과거(2박)

かっこ[kakko] : 괄호(3박)

(5) 종류

① k(ㄱ) - 「か」행 앞에서

예 はっきり[hakkiri] : 확실히, がっこう[gakko] : 학교

② s(ㅅ) - 「さ」행 앞에서

예 あっさり[assari] : 완전히, けっせき[kesseki] : 결석

③ t(ㄷ) - 「た」행 앞에서

예 きって[kitte] : 우표, おっと[otto] : 남편

④ p(ㅂ) - 「ぱ」행 앞에서

예 いっぱい[ippai] : 가득, きっぷ[kippu] : 표, 티켓

모음의 무성음화 현상

단어의 발음을 들었을 때 촉음처럼 들리지만, 실제로는 모음의 무성음화 현상이 일어나고 있는 경우가 있다. 그 대표적인 예로 「く」가 「さ」행 앞에 위치하는 경우에 무성음화되는 예이다.

예 がくせい[gakuse] : 학생, たくさん[takusaN] : 많이

やくそく[yakusoku] : 약속, がくしゃ[gakusya] : 학자

♣ 다음 그림에 해당하는 단어를 쓰면서 촉음을 익혀 보세요.

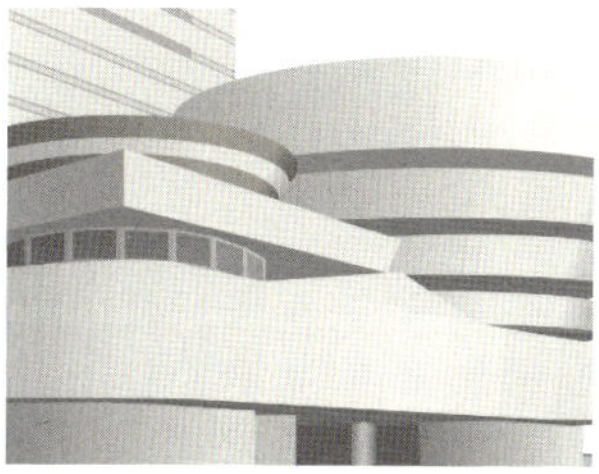

いっかい (1층)

がっこう (학교)

ざっし (잡지)

けっせき (결석)

きって (우표)

おっと (남편)

きっぷ (표)

しっぽ (꼬리)

まってね (기다려)

형성평가 ⑧

1 발음해 보며, 두 음이 서로 같은지 다른지 비교해 봅시다. 두 음이 같으면 「おなじ」에, 다르면 「ちがう」에 ○표 해 봅시다.

보기	おなじ		ちがう	○

①	おなじ		ちがう	
②	おなじ		ちがう	
③	おなじ		ちがう	
④	おなじ		ちがう	
⑤	おなじ		ちがう	
⑥	おなじ		ちがう	
⑦	おなじ		ちがう	
⑧	おなじ		ちがう	
⑨	おなじ		ちがう	
⑩	おなじ		ちがう	

2 발음해 보며, 두 단어 중 어느 쪽의 발음인지 골라 봅시다.

보기	しって	○	して	

①	いっかい		いかい	
②	がっこう		がこう	
③	あっさり		あさり	
④	ざっし		ざし	
⑤	きって		きて	
⑥	おっと		おと	
⑦	いっぱい		いぱい	
⑧	きっぷ		きぷ	
⑨	ちょっと		ちょと	
⑩	まってね		まてね	

6. 발음(撥音：はつおん/はねるおん) –「ん」

(1)「ん」의 발음이며 받침 역할을 한다.

(2) 어중에만 위치하며 다음에 오는 글자에 따라 [m, n, ŋ, N] 4가지로 발음된다.

(3) 받침도 한 음절(1박)의 길이를 가진다.(음의 장단에 따라 뜻이 달라지는 경우가 있음에 유의한다.)

예 かじ[kaji] : 화재(2박)

かんじ[kanji] : 한자(3박)

(4) 종류

① [m]—「ま, ば, ぱ」행 앞에서

예 ま행—ぶんめい[bumme：] : 문명, ば행—けんぶつ[kembutsu] : 구경

ぱ행—かんぱい[kampai] : 건배

② [n]—「さ, ざ, た, だ, な, ら」행 앞에서

예 さ행—せんせい[sense：] : 선생님, ざ행—かんじ[kanji] : 한자

た행—はんたい[hantai] : 반대, だ행—もんだい[mondai] : 문제

な행—おんな[onna] : 여사, ら행—べんり[benri] : 편리

③ [ŋ]—「か, が」행 앞에서

예 か행—でんき[deŋki] : 전기, が행—りんご[riŋgo] : 사과

④ [N]—모음 앞, 반모음 앞, は행 앞, 「ん」으로 끝날 때

예 모음—れんあい[reNai] : 연애, 반모음—でんわ[deNwa] : 전화

は행—よんひゃく[yoNhyaku] : 4백, 단어끝—ほん[hoN] : 책

♣ 다음 그림에 해당하는 단어를 쓰면서 발음을 익혀 보세요.

かんぱい (건배)

たんぽぽ (민들레)

せんせい (선생님)

かんじ (한자)

おんな (여자)

でんき (전기)

りんご (사과)

れんあい (연애)

でんわ (전화)

1　발음해 보며, 두 음이 서로 같은지 다른지 비교해 봅시다. 두 음이 같으면 「おなじ」에, 다르면 「ちがう」에 ○표 해 봅시다.

보기	おなじ		ちがう	○

①	おなじ		ちがう	
②	おなじ		ちがう	
③	おなじ		ちがう	
④	おなじ		ちがう	
⑤	おなじ		ちがう	
⑥	おなじ		ちがう	
⑦	おなじ		ちがう	
⑧	おなじ		ちがう	
⑨	おなじ		ちがう	
⑩	おなじ		ちがう	

2　발음해 보며, 두 단어 중 어느 쪽의 발음인지 골라 봅시다.

보기	たんぽぽ	○	たぽぽ	

①	ぶんめい		ぶめい	
②	けんぶつ		けぶつ	
③	はんたい		はたい	
④	もんだい		もだい	
⑤	でんき		でえき	
⑥	りんご		りあご	
⑦	べんり		べいり	
⑧	でんわ		でうわ	
⑨	よんひゃく		よひゃく	
⑩	れんあい		れんがい	

7. 장음(長音 : ちょうおん)

(1) 음의 길이에 따라서 뜻이 달라지므로 발음에 유의한다.

예 おばさん[obasaN] : 아주머니(4박), おばあさん[oba:saN] : 할머니(5박)

(2) 히라가나에서는 모음「あ,い, う, え, お」를 붙인다.

가타카나에서는「ー」로 표기한다.

예 おじいさん[oji:saN] : 할아버지(5박)

アパート[apa:to] : 아파트(4박)

(3) 음성기호로 표기할 때는 [:] 기호를 붙이며, 장음도 하나의 독립된 음절이다.

(4) 종류

①「あ」단 + あ ⇒ /a : /

예 おかあさん[oka:saN] : 어머니, おばあさん[oba:saN] : 할머니

②「い」단 + い ⇒ /i : /

예 おじいさん[ozi:saN] : 할아버지, おにいさん[oni:saN] : 형/오빠

③「う」단 + う ⇒ /u : /

예 くうき[ku:ki] : 공기, ゆうぐれ[yu:gure] : 석양

④「え」단 + え ⇒ /e : /

예 おねえさん[one:saN] : 누나, 언니

♣「え」단 + い ⇒ /e : /(주로 한자어인 경우)

예 せんせい[sense:] : 선생님, とけい[toke:] : 시계

⑤「お」단 + お ⇒ /o : /

예 とおり[to:ri] : 길,

♣「お」단 + う ⇒ /o : /

예 おとうさん[oto:saN] : 아버지, いもうと[imo:to] : 여동생

♣ 다음 그림에 해당하는 단어를 쓰면서 장음을 익혀 보세요.

おかあさん (어머니)

おばあさん (할머니)

おじいさん (할아버지)

おにいさん (형/오빠)

ゆうぐれ (석양)

おねえさん (언니/누나)

とけい (시계)

とおり (길)

おとうさん (아버지)

형성평가 ⑩

1 발음해 보며, 두 음이 서로 같은지 다른지 비교해 봅시다. 두 음이 같으면 「おなじ」에, 다르면 「ちがう」에 ○표 해 봅시다.

보기	おなじ		ちがう	○
①	おなじ		ちがう	
②	おなじ		ちがう	
③	おなじ		ちがう	
④	おなじ		ちがう	
⑤	おなじ		ちがう	
⑥	おなじ		ちがう	
⑦	おなじ		ちがう	
⑧	おなじ		ちがう	
⑨	おなじ		ちがう	
⑩	おなじ		ちがう	

2 발음해 보며, 두 단어 중 어느 쪽의 발음인지 골라 봅시다.

보기	おにいさん		おにさん	○
①	おばあさん		おばさん	
②	おかあさん		おかいさん	
③	おじいさん		おじさん	
④	ゆうぐれ		ゆぐれ	
⑤	くうき		くき	
⑥	せんせい		せんせ	
⑦	とけい		といけ	
⑧	おおぜい		おぜい	
⑨	おとうさん		おとさん	
⑩	いもうと		いもと	

종합평가 – 촉음/발음/장음

1 다음 촉음 「っ」의 발음이 같은 것끼리 짝지어 보세요.

① はっきり　　ⓐ おっと

② あっさり　　ⓑ がっこう

③ すっぱい　　ⓒ きっぷ

④ きって　　ⓓ けっせき

2 다음 「ん」의 발음이 같은 것끼리 짝지어 보세요.

① ぶんめい　　ⓐ りんご

② かんじ　　ⓑ かんぱい

③ でんき　　ⓒ でんわ

④ よんひゃく　　ⓓ もんだい

3 다음 장음의 발음이 같은 것끼리 짝지어 보세요.

① おかあさん　　ⓐ ゆうぐれ

② おじいさん　　ⓑ いもうと

③ くうき　　ⓒ おばあさん

④ おとうさん　　ⓓ おにいさん

4 다음 발음의 길이(박자 수)가 같은 것끼리 짝지어 보세요.

① べんり　　ⓐ おちゃ

② すっぱい　　ⓑ おねえさん

③ おかあさん　　ⓒ きっぷ

④ ほん　　ⓓ よんひゃく

3. 가타카나(カタカナ)

1. 청음표

5개의 단(段)과 10개의 행(行)으로 이루어짐.

行＼段	ア段	イ段	ウ段	エ段	オ段
ア行	ア[a]	イ[i]	ウ[u]	エ[e]	オ[o]
カ行	カ[ka]	キ[ki]	ク[ku]	ケ[ke]	コ[ko]
サ行	サ[sa]	シ[shi]	ス[su]	セ[se]	ソ[so]
タ行	タ[ta]	チ[chi]	ツ[tsu]	テ[te]	ト[to]
ナ行	ナ[na]	ニ[ni]	ヌ[nu]	ネ[ne]	ノ[no]
ハ行	ハ[ha]	ヒ[hi]	フ[fu]	ヘ[he]	ホ[ho]
マ行	マ[ma]	ミ[mi]	ム[mu]	メ[me]	モ[mo]
ヤ行	ヤ[ya]		ユ[yu]		ヨ[yo]
ラ行	ラ[ra]	リ[ri]	ル[ru]	レ[re]	ロ[ro]
ワ行	ワ[wa]				ヲ[wo/o]
	ン받침[m, n, ŋ, N]				

(1) ア행

ア [a]	 アイ(eye) 눈	ア ア
イ [i]	 ライオン(lion) 사자	イ イ
ウ [u]	 ウィンク(wink) 윙크	ウ ウ
エ [e]	 エアコン(air conditioner) 에어컨	エ エ
オ [o]	 オレンジ(orange) 오렌지	オ オ

♣ 다음 ひらがな에 해당하는 カタカナ를 쓰면서 익혀 보세요.

あ	い	う	え	お

えい	あお	おい	あい	えう

(2) カ행

カ [Ka]	 カレー(curry) 카레	カ カ
キ [Ki]	 キウィ(kiwi) 키위	キ キ
ク [Ku]	 バイク(bike) 오토바이	ク ク
ケ [Ke]	 ケーキ(cake) 케익	ケ ケ
コ [Ko]	 コロッケ(croquette) 고로케	コ コ

♣ 다음 ひらがな에 해당하는 カタカナ를 쓰면서 익혀 보세요.

か	き	く	け	こ

かく	きけ	くこ	くけ	かき

(3) サ행

サ [sa]	 サラダ(salad) 셀러드	サ サ
シ [shi]	 ロシア(Russia) 러시아	シ シ
ス [su]	 スパゲッティ(spaghetti) 스파게티	ス ス
セ [se]	 セ タ (sweater) 스웨터	セ セ
ソ [so]	 ソーセージ(sausage) 소세지	ソ ソ

♣ 다음 ひらがな에 해당하는 カタカナ를 쓰면서 익혀 보세요.

さ	し	す	せ	そ

さし	すせ	そし	さす	せそ

(4) タ행

タ [ta]	 ギター(guitar) 기타	タ タ
チ [chi]	 チーズ(cheese) 치즈	チ チ
ツ [tsu]	 ドーナツ(doughnut) 도너츠	ツ ツ
テ [te]	 テレビ(television) 텔레비전	テ テ
ト [to]	 チョコレート(chocolate) 초콜릿	ト ト

♣ 다음 ひらがな에 해당하는 カタカナ를 쓰면서 익혀 보세요.

た	ち	つ	て	と

たて	ちつ	とち	とた	てつ

(5) ナ행

ナ [na]	 バナナ(banana) 바나나	ナ ナ
ニ [ni]	 テニス(tennis) 테니스	ニ ニ
ヌ [nu]	 カヌー(canoe) 카누	ヌ ヌ
ネ [ne]	 ネクタイ(necktie) 넥타이	ネ ネ
ノ [no]	 ピアノ(piano) 피아노	ノ ノ

♣ 다음 ひらがな에 해당하는 カタカナ를 쓰면서 익혀 보세요.

な	に	ぬ	ね	の

なの	のに	ぬね	にね	ぬな

형성평가 ⑪

1　빈 칸에 들어갈 알맞은 カタカナ를 써 보세요.

▶ア행 ⇒	ア			エ	
▶カ행 ⇒		キ			コ
▶サ행 ⇒	サ			セ	
▶タ행 ⇒		チ			ト
▶ナ행 ⇒	ナ				ノ

2　다음 ひらがな에 해당하는 カタカナ를 찾아 짝지어 보세요.

① し	ⓐ ウ	⑥ て	ⓕ ソ
② け	ⓑ オ	⑦ ね	ⓖ ツ
③ お	ⓒ ク	⑧ つ	ⓗ テ
④ く	ⓓ ケ	⑨ ぬ	ⓘ ヌ
⑤ う	ⓔ シ	⑩ そ	ⓙ ネ

3　그림을 보고 빈 칸에 단어를 カタカナ로 써 보세요.

①

セ			

②

	ー	

③

バ		

④

ド			

⑤

バ		

⑥

ラ			ン

(6) ハ행

ハ [ha]	 ハンバーガー (hamburger) 햄버거	ハ ハ
ヒ [hi]	 ヒーター(heater) 히터	ヒ ヒ
フ [fɯ]	 フルート(flute) 플룻	フ フ
ヘ [he]	 ヘア(hair) 머리	ヘ ヘ
ホ [ho]	 ホテル(hotel) 호텔	ホ ホ

♣ 다음 ひらがな에 해당하는 カタカナ를 쓰면서 익혀 보세요.

は	ひ	ふ	へ	ほ

はほ	ひふ	へは	ひほ	ふへ

(7) マ행

マ [ma]	 マンゴー(mango) 망고	マ マ
ミ [mi]	 ミルク(milk) 우유	ミ ミ
ム [mu]	 ゲーム(game) 게임	ム ム
メ [me]	 メロン(melon) 메론	メ メ
モ [mo]	 ハーモニカ(harmonica) 하모니카	モ モ

♣ 다음 ひらがな에 해당하는 カタカナ를 쓰면서 익혀 보세요.

ま	み	む	め	も

まみ	むめ	もむ	まめ	みも

(8) ヤ행

ヤ [ya]	 ヤクルト(yakult) 야쿠르트	ヤ ヤ				
ユ [yu]	 ユニホーム(uniform) 유니폼	ユ ユ				
ヨ [yo]	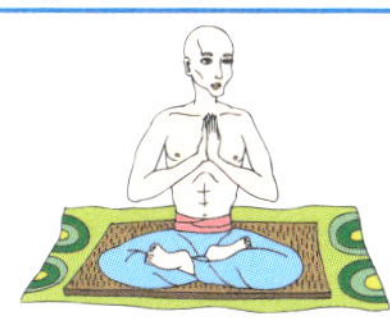 ヨーガ(yoga) 요가	ヨ ヨ				

♣ 다음 ひらがな에 해당하는 カタカナ를 쓰면서 익혀 보세요.

や	ゆ	よ

やゆ	よゆ	やよ	やや	よよ

(9) ラ행

글자	그림	단어	뜻	쓰기
ラ [ra]		ラーメン	라면	ラ ラ
リ [ri]		リボン(ribbon)	리본	リ リ
ル [ru]		ボール(ball)	공/볼	ル ル
レ [re]		レモン(lemon)	레몬	レ レ
ロ [ro]		ロボット(robot)	로보트	ロ ロ

♣ 다음 ひらがな에 해당하는 カタカナ를 쓰면서 익혀 보세요.

ら	り	る	れ	ろ

られ	ろり	りら	ろる	れる

(10) ワ행

ワ [wa]	 ワイン(wine) 와인	ワ ワ				
ヲ [wo/o]		ヲ ヲ				

받침 역할 [87쪽 참조]

ン [m/n/ŋ/N]	 クレヨン(crayon) 크레파스	ン ン				

♣ 다음 ひらがな에 해당하는 カタカナ를 쓰면서 익혀 보세요.

わ	を	ん

わを	わん	をん	わわ	んん

형성평가 ⑫

1　빈 칸에 들어갈 알맞은 カタカナ를 써 보세요.

▶ハ행 ⇒	ハ	□	□	ヘ	□
▶マ행 ⇒	□	□	ム	□	モ
▶ヤ행 ⇒	ヤ		□		□
▶ラ행 ⇒	□	リ	□	レ	□
▶ワ행 ⇒	□				□

2　다음 ひらがな에 해당하는 カタカナ를 찾아 짝지어 보세요.

① ふ	ⓐ メ	⑥ ゆ	ⓕ ン
② ほ	ⓑ ホ	⑦ よ	ⓖ ル
③ み	ⓒ ヤ	⑧ る	ⓗ ヨ
④ め	ⓓ フ	⑨ ろ	ⓘ ロ
⑤ や	ⓔ ミ	⑩ ん	ⓙ ユ

3　그림을 보고 빈 칸에 단어를 カタカナ로 써 보세요.

①

| □ | ル | □ | □ |

②
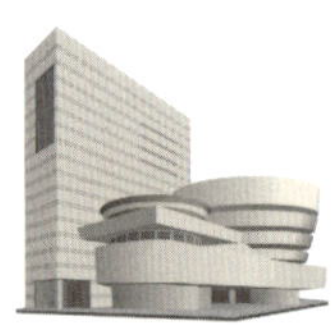
| □ | テ | □ |

③

| ゲ | □ | □ |

④

| □ | ク | □ | □ |

⑤

| □ | □ | □ | ン |

⑥

| □ | ボ | ッ | □ |

2. 탁음표(濁音：だくおん)

ガ[ga]	ギ[gi]	グ[gu]	ゲ[ge]	ゴ[go]
ザ[za]	ジ[ji]	ズ[zu]	ゼ[ze]	ゾ[zo]
ダ[da]	ヂ[ji]	ヅ[zu]	デ[de]	ド[do]
バ[ba]	ビ[bi]	ブ[bu]	ベ[be]	ボ[bo]

3. 반탁음표(半濁音：はんだくおん)

パ[pa]	ピ[pi]	プ[pu]	ペ[pe]	ポ[po]

(1) ガ행

글자	단어	쓰기					
ガ [ga]	 ガソリン(gasoline) 석유	ガ					
		ガ					
ギ [gi]	 ギター(guitar) 기타	ギ					
		ギ					
グ [gu]	 グループ(group) 그룹	グ					
		グ					
ゲ [ge]	 ゲーム(game) 게임	ゲ					
		ゲ					
ゴ [go]	 ゴルフ(golf) 골프	ゴ					
		ゴ					

♣ 다음 ひらがな에 해당하는 カタカナ를 쓰면서 익혀 보세요.

が	ぎ	ぐ	げ	ご

がぐ		ぎご		ごぎ		げが		ぐげ	

(2) ザ행

ザ [za]	 デザート(dessert) 디저트	ザ ザ
ジ [ji]	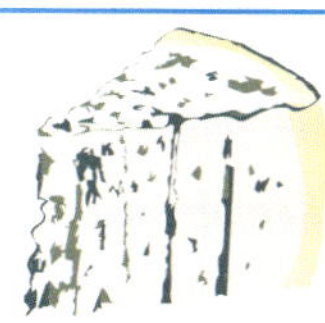 スポンジ(sponge) 스폰지	ジ ジ
ズ [zu]	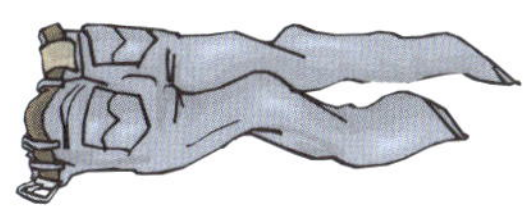 ズボン(jupon) 바지	ズ ズ
ゼ [ze]	 ゼロ(zero) 영/0	ゼ ゼ
ゾ [zo]	 リゾート(resort) 리조트	ゾ ゾ

♣ 다음 ひらがな에 해당하는 カタカナ를 쓰면서 익혀 보세요.

ざ	じ	ず	ぜ	ぞ

ざず		じぜ		ずぞ		ぜざ		じず	

(3) ダ행

ダ [da]	 ダイエット(diet) 다이어트	ダ ダ
ヂ [ji]	♣「ジ」와 발음이 같으므로 주로 「ジ」를 사용함.	ヂ ヂ
ヅ [zu]	♣「ズ」와 발음이 같으므로 주로 「ズ」를 사용함.	ヅ ヅ
デ [de]	 デザイン(design) 디자인	デ デ
ド [do]	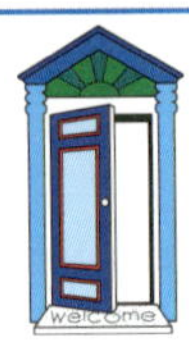 ドア(door) 문	ド ド

♣ 다음 ひらがな에 해당하는 カタカナ를 쓰면서 익혀 보세요.

だ	ぢ	づ	で	ど

だで	ぢづ	どで	ぢだ	づど

(4) バ행

글자	단어	쓰기
バ [ba]	 クローバー(clover) 클로버	バ バ
ビ [bi]	 ベビー(baby) 아기	ビ ビ
ブ [bu]	 ブルー(blue) 파랑	ブ ブ
ベ [be]	 ベル(bcll) 벨	ベ ベ
ボ [bo]	 ボール(ball) 볼/공	ボ ボ

♣ 다음 ひらがな에 해당하는 カタカナ를 쓰면서 익혀 보세요.

ば	び	ぶ	べ	ぼ

ばぶ	べぼ	びべ	ぼば	びぶ

3. 반탁음(半濁音)

パ행

パ [pa]	 パンダ(panda) 판다	パ	パ
ピ [pi]	 ピアノ(piano) 피아노	ピ	ピ
プ [pu]	 ソープ(soap) 비누	プ	プ
ペ [pe]	 ペン(pen) 펜	ペ	ペ
ポ [po]	 スポーツ(sport's') 스포츠	ポ	ポ

ぱ	ぴ	ぷ	ぺ	ぽ

ぱぷ	ぺぽ	ぷぴ	ぽぱ	ぺぴ

형성평가 ⑬

1　빈 칸에 들어갈 알맞은 カタカナ를 써 보세요.

▶ガ행 ⇒	ガ			ゲ	
▶ザ행 ⇒			ズ	ゼ	
▶ダ행 ⇒	ダ			デ	
▶バ행 ⇒		ビ		ベ	
▶パ행 ⇒	パ			ペ	

2　다음 ひらがな에 해당하는 カタカナ를 찾아 짝지어 보세요.

① ぎ	ⓐ ジ	⑥ づ	ⓕ ポ
② ご	ⓑ ゾ	⑦ ど	ⓖ ビ
③ じ	ⓒ ギ	⑧ び	ⓗ ヅ
④ ぞ	ⓓ ゴ	⑨ ぶ	ⓘ ド
⑤ だ	ⓔ ダ	⑩ ぽ	ⓙ プ

3　그림을 보고 빈 칸에 단어를 カタカナ로 써 보세요.

①

	ル		

②

	ル	

③
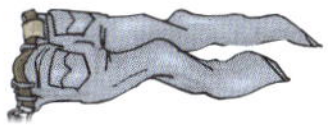

		ン

④

			ト

⑤

	イ		ッ	

⑥

ソ		

4. 요음표(拗音：ようおん)

キャ[kya]	キュ[kyu]	キョ[kyo]
シャ[sya]	シュ[syu]	ショ[syo]
チャ[cha]	チュ[chu]	チョ[cho]
ニャ[nya]	ニュ[nyu]	ニョ[nyo]
ヒャ[hya]	ヒュ[hyu]	ヒョ[hyo]
ミャ[mya]	ミュ[myu]	ミョ[myo]
リャ[rya]	リュ[ryu]	リョ[ryo]

ギャ[gya]	ギュ[gyu]	ギョ[gyo]
ジャ[zya]	ジュ[zyu]	ジョ[zyo]
ビャ[bya]	ビュ[byu]	ビョ[byo]

ピャ[pya]	ピュ[pyu]	ピョ[pyo]

キャ [kya]	キャ				
	キャ				

キュ [kyu]	キュ				
	キュ				

キョ [kyo]	キョ				
	キョ				

シャ [sha]	シャ				
	シャ				

シュ [shu]	シュ				
	シュ				

ショ [sho]	ショ				
	ショ				

チャ [cha]	チャ				
	チャ				

チュ [chu]	チュ				
	チュ				

チョ [cho]	チョ				
	チョ				

ニャ [nya]	ニャ				
	ニャ				

ニュ [nyu]	ニュ				
	ニュ				

ニョ [nyo]	ニョ				
	ニョ				

ヒャ [hya]	ヒャ				
	ヒャ				

ヒュ [hyu]	ヒュ				
	ヒュ				

ヒョ [hyo]	ヒョ				
	ヒョ				

ミャ [mya]	ミャ				
	ミャ				

ミュ [myu]	ミュ				
	ミュ				

ミョ [myo]	ミョ				
	ミョ				

リャ [rya]	リャ				
	リャ				

リュ [ryu]	リュ				
	リュ				

リョ [ryo]	リョ				
	リョ				

ギャ [gya]	ギャ				
	ギャ				

ギュ [gyu]	ギュ				
	ギュ				

ギョ [gyo]	ギョ				
	ギョ				

ジャ [zya]	ジャ				
	ジャ				

ジュ [zyu]	ジュ				
	ジュ				

ジョ [zyo]	ジョ				
	ジョ				

ビャ [bya]	ビャ				
	ビャ				

ビュ [byu]	ビュ				
	ビュ				

ビョ [byo]	ビョ				
	ビョ				

ピャ [pya]	ピャ				
	ピャ				

ピュ [pyu]	ピュ				
	ピュ				

ピョ [pyo]	ピョ				
	ピョ				

형성평가 ⑭

1 빈 칸에 들어갈 알맞은 カタカナ를 써 보세요.

キャ		
		ショ
チャ		
		ニョ
ヒャ		
		ミョ
リャ		

		ギョ
ジャ		
		ビョ
ピャ		

2 다음 ひらがな에 해당하는 カタカナ를 찾아 짝지어 보세요.

① きゃ　ⓐ シュ　⑥ ぎゅ　ⓕ ジョ

② しゅ　ⓑ チョ　⑦ じゃ　ⓖ ピョ

③ ちょ　ⓒ ヒョ　⑧ じょ　ⓗ ビャ

④ にゃ　ⓓ ニャ　⑨ びゃ　ⓘ ギュ

⑤ ひょ　ⓔ キャ　⑩ ぴょ　ⓙ ジャ

3 그림을 보고 빈 칸에 단어를 カタカナ로 써 보세요.

①

ちゅ	ー	り	っ	ぷ

②

きゃ	ん	ぷ

③

じゅ	ー	す

④

ぱ	じゃ	ま

5. 촉음(促音：そくおん) －「ッ」

(1) k(ㄱ) - 「カ」행 앞에서

 サッカー (soccer) 축구	サッカー			
	サッカー			

(2) s(ㅅ) - 「サ」행 앞에서

 レッスン (lesson) 레슨	レッスン			
	レッスン			

(3) t(ㄷ, ㅌ) - 「タ」행 앞에서

 チケット (ticket) 티켓	チケット			
	チケット			

(4) p(ㅂ, ㅃ) - 「パ」행 앞에서

 スリッパ(slippers) 슬리퍼	スリッパ			
	スリッパ			

6. 발음(撥音：はつおん / はねるおん) -「ン」

(1) [m] -「マ, バ, パ」행 앞에서

 キャンパス (campus) 캠퍼스	キャンパス			
	キャンパス			

(2) [n] -「サ, ザ, タ, ダ, ナ, ラ」행 앞에서

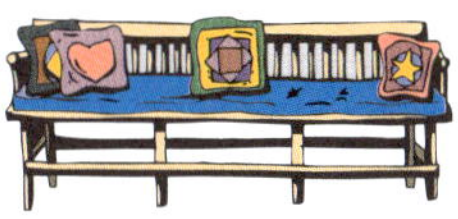 ベンチ (bench) 벤 치	ベンチ			
	ベンチ			

(3) [ŋ] -「カ, ガ」행 앞에서

 コンクール (concours) 콩쿠르	コンクール			
	コンクール			

(4) [N] - 모음 앞, 반모음 앞, ハ행 앞,「ン」으로 끝날 때

 ワイン (wine) 와 인	ワイン			
	ワイン			

7. 장음(長音：ちょうおん) – 「ー」으로 표시

コーヒー (coffee) 커피

コーヒー			
コーヒー			

ケーキ (cake) 케이크

ケーキ			
ケーキ			

ノート (note) 노트

ノート			
ノート			

ジュース (juice) 쥬스

ジュース			
ジュース			

スポーツ(sports) 스포츠

スポーツ			
スポーツ			

1 다음 촉음 「ッ」의 발음이 같은 것끼리 짝지어 보세요.

① ヨット ⓐ スリッパ

② ロック ⓑ サッカー

③ レッスン ⓒ エッセイ

④ パイナップル ⓓ ビスケット

2 다음 「ン」의 발음이 같은 것끼리 짝지어 보세요.

① コンピューター ⓐ ワイン

② アナウンサー ⓑ コンクール

③ リボン ⓒ トンネル

④ シングル ⓓ キャンパス

3 장음이 잘못 표기된 것을 바르게 고쳐 보세요.

① ラメーン ⇒ □□□□ ② ジュスー ⇒ □□□

③ ユニホム ⇒ □□□□□ ④ ノト ⇒ □□□

⑤ スーポーツ⇒ □□□□ ⑥ ケキー ⇒ □□□

4 다음 발음의 길이(박자 수)가 같은 것끼리 짝지어 보세요.

① ワイン ⓐ クローバー

② コーヒー ⓑ レッスン

③ ペン ⓒ ドア

④ コンクール ⓓ パジャマ

4. 노래와 그림으로 배우는 가나 문자

1) 낙서 노래(らくがきうた)

くつやの しずこさん (구두가게 시즈꼬양)

① くつやの(구두 가게)

② しずこさん(시즈꼬양)

③ てんぷらやの(튀김 가게)

④ つるこさん(츠루꼬양)

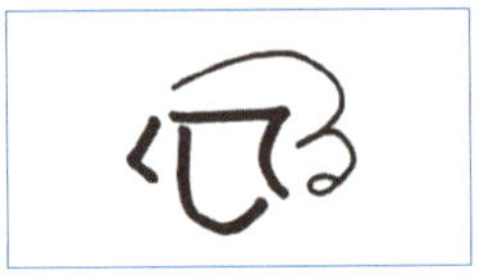

⑤ へいきで　へいきで(걱정없고 걱정없고)

⑥ のんきで　のんきで(만사태평 만태평)

⑦ しけんは　0てん(시험은 0점)

⑧ たまには 8てん(때때로 8점)

2) 그림 그리기 노래(絵(え)かきうた)

棒(ぼう)が 一本(いっぽん)(막대기가 하나)

① 棒(ぼう)が 一本(いっぽん) あったとさ
(막대기가 하나 있었네)

② 葉(は)っぱかな
(나뭇잎일까?)

③ 葉(は)っぱじゃないよ かえるだよ
(나뭇잎이 아니야. 개구리야)

④ かえるじゃないよ あひるだよ
(개구리가 아니야. 오리야)

⑤ 六月(ろくがつ) 六日(むいか)に
(6월 6일에)

⑥ 雨(あめ) ざあざあ 降(ふ)って きて
(비가 주룩주룩 내려서)

⑦ 三角定規(さんかくじょうぎ)に ひび いって
(삼각자에 금이 가고)

⑧ あんパン 二(ふた)つ
(단팥빵 2개)

⑨ まめ 三(みっ)つ
(콩 3개)

⑩ コッペパン 二(ふた)つ くださいな
(찐빵 2개 주세요)

⑪ あっという まに かわいい コックさん
(눈 깜짝할 사이에 귀여운 요리사)

3) 빨리 읽기 (よめるかな？)

① かえる　ぴょこぴょこ　3ぴょこぴょこ　あわせて　ぴょこぴょこ　6ぴょこぴょこ
たぬき　ぽんぽこ　3ぽんぽこ　あわせて　ぽんぽこ　6ぽんぽこ
「개구리 폴짝폴짝 3번 폴짝폴짝 발맞추어 폴짝폴짝 6번 폴짝폴짝」
「너구리 통통 3번 통통 발맞추어 통통 6번 통통」

② いちごパフェ　チョコパフェ　パイナップルパフェ
「딸기 파르페 초코 파르페 파인애플 파르페」

③ とこなつの　ココナツ　ここのつ　ここに　ある
「여름 나라(常夏)의 코코넛 9개가 여기에 있네.」

④ あかパジャマ　きパジャマ　ちゃパジャマ
「빨간 잠옷 노란 잠옷 갈색 잠옷」

⑤ あかかぼちゃ　きかぼちゃ　ちゃかぼちゃ
「빨간 호박 노란 호박 갈색 호박」

4) 끝말 잇기 노래(しりとりうた)

さよなら　さんかく (안녕 삼각형)
てがみは　しかく (편지는 사각형)
なみだで　おてがみ　かけるかな (눈물로 편지 쓸 수 있을까!)

てがみは　かるい (편지는 가볍다)
かるいは　ふうせん (가벼운 것은 풍선)
ふうせんは　まるい (풍선은 둥글다)
まるいは　ちきゅう (둥근 것은 지구)
ちきゅうは　おおきい (지구는 크다)
おおきいは　くじら (큰 것은 고래)
くじらは　しょっぱい (고래는 짜다)
しょっぱいは　なみだ (짠 것은 눈물)

さよなら　さんかく (안녕 삼각형)
てがみは　しかく (편지는 사각형)
ことりに　おてがみ　とどけてね (작은 새에게 편지를 전해줘!)

てがみは　うすい (편지는 얇다)

うすいは　せんべい (얇은 것은 센베과자)
せんべいは　かたい (센베과자는 딱딱하다)
かたいは　ダイヤモンド (딱딱한 것은 다이아몬드)

ダイヤモンドは　たかい (디이아몬드는 비싸다)
たかいは　そら (높은 것은 하늘)
そらは　あおい (하늘은 파랗다)
あおいは　しあわせの　ことり (파란 것은 행복의 작은 새)

5) 말 쌓기 노래(つみあげうた)

はらぺこ おばけは たびに でた
(배고픈 도깨비는 여행을 나섰다네.)

おなかが すいて きのみを たべた
(배가 고파서 나무 열매를 먹었다네.)

まだまだ はらぺこ きも たべた
(아직도 배가 고파 나무도 먹었다네.)

それでも はらぺこ もり たべた
(그렇지만 배가 고파 숲을 먹었다네.)

やっぱり はらぺこ やま たべた
(여전히 배가 고파 산을 먹었다네.)

まわりを みまわし くも たべた
(주변을 둘러보고 구름을 먹었다네.)

くもを たべたら からだが ういた
(구름을 먹었더니 몸이 떠올랐다네.)

そらに うかんで ほし たべた
(하늘에 떠서 별을 먹었다네.)

たべたら ぴっかり ひかって きた
(먹었더니 반짝 빛이 나기 시작했다네.)

ひかって まんまる おつきさんに なった
(빛이 나 동그란 달님이 되었다네.)

6) 노래로 불러보는 가나

(1)「ドレミの　うた」(도레미 노래)

ソレミファソラシ	솔레미파솔라시
さあ　みなさん	자, 여러분
ドレミの 歌(うた)を うたいましょう	도레미 노래를 부릅시다.
ドは　ドナーツの　ド	도는 도너츠의 도
レは　レモンの　レ	레는 레몬의 레
ミは　みんなの　ミ	미는 모두의 미
ファは　ファイトの　ファ	파는 파이팅의 파
ソは　青(あお)い　空(そら)	솔은 파란 하늘
ラは　ラッパの　ラ	라는 나팔의 라
シは　幸(しあわ)せよ	시는 행복이요.
さあ　うたいましょう	자, 노래 불러요.
ラララ	라라라
ドは　ドナーツの　ド	도는 도너츠의 도
レは　レモンの　レ	레는 레몬의 레
ミは　みんなの　ミ	미는 모두의 미
ファは　ファイトの　ファ	파는 파이팅의 파
ソは　青(あお)い　空(そら)	솔은 파란 하늘
ラは　ラッパの　ラ	라는 나팔의 라
シは　幸(しあわ)せよ	시는 행복이요.
さあ　うたいましょう	자, 노래 불러요.
ドレミファソラシド　ドシラソファミレ	도레미파솔라시도 도시라솔파미레
ドミミ　ミソソ　レファファ　ラシシ	도미미 미솔솔 레파파 라시시
ドミミ　ミソソ　レファファ　ラシシ	도미미 미솔솔 레파파 라시시
ソドラファミドレ	솔도라파미도레
ソドラシドレド	솔도라시도레도

どんな 時(とき)にも	어느 때에도
れっを くんで	열을 지어
みんな 楽(たの)しく	모두 즐겁게
ファイトを 持(も)って	파이팅을 외치며
空(そら)を あおいで	하늘을 우러러
ラン ラ ラン ラン	랄라랄랄
ラン ラン ラン	랄라랄
幸(しあわ)せの うた	행복의 노래
さあ うたいましょう	자, 불러요
ドレミの うた	도레미 노래
ドレミファソラシドソド	도레미파솔라시도솔도

(2)「十人(じゅうにん)の　インディアン」(10꼬마 인디안)

一人(ひとり)　二人(ふたり)　三人(さんにん)　いるよ	한 꼬마 두 꼬마 세 꼬마 있네.
四人(よにん)　五人(ごにん)　六人(ろくにん)　いるよ	네 꼬마 다섯 꼬마 여섯 꼬마 있네.
七人(しちにん)　八人(はちにん)　九人(きゅうにん)　いるよ	일곱 꼬마 여덟 꼬마 아홉 꼬마 있네.
十人(じゅうにん)の　インディアン　ボーイズ	열 꼬마 인디안 보이즈
十人(じゅうにん)　九人(きゅうにん)　八人(はちにん)　いるよ	열 꼬마 아홉 꼬마 여덟 꼬마 있네.
七人(しちにん)　六人(ろくにん)　五人(ごにん)　いるよ	일곱 꼬마 여섯 꼬마 다섯 꼬마 있네.
四人(よにん)　三人(さんにん)　二人(ふたり)　いるよ	네 꼬마 세 꼬마 두 꼬마 있네.
一人(ひとり)の　インディアン　ボーイズ	한 꼬마 인디안 보이즈

5. 어휘 쓰기 연습

♣ 인사말(あいさつ)

안녕하세요.(아침 인사)	おはよう　ございます。
안녕하세요.(낮 인사)	こんにちは。
안녕하세요.(저녁 인사)	こんばんは。
안녕히 주무세요.	おやすみなさい。
안녕히 가세요.(헤어질 때)	さようなら。
미안합니다.(실례합니다)	すみません。
고맙습니다. / 감사합니다.	ありがとう　ございます。

천만의 말씀입니다(천만에요)	どういたしまして。
다녀오겠습니다.	いって　きます。
다녀오십시오.	いって　いらっしゃい。
다녀왔습니다.	ただいま。
잘 다녀 왔어요.	おかえりなさい。
잘 먹겠습니다.	いただきます。
잘 먹었습니다.	ごちそうさまでした。
변변치 못했습니다.	おそまつさまでした。
오래간만입니다.	おひさしぶりです。
축하합니다.	おめでとう　ございます。

♣ 간식(おやつ)

 경단	だんご		
	だんご		
 케이크	ケーキ		
	ケーキ		
 도너츠	ドーナツ		
	ドーナツ		
 포테토칩	ポテトチップス		
	ポテトチップス		
 문어빵	たこやき		
	たこやき		
 아이스크림	アイスクリーム		
	アイスクリーム		
 팝콘	ポップコーン		
	ポップコーン		

♣ 어떤 맛일까?(どんな あじ?)

 달다	あまい あまい		
 시다	すっぱい すっぱい		
 짜다	しょっぱい しょっぱい		
 쓰다	にがい にがい		
 맵다	からい からい		
 맛없다	まずい まずい		
 맛있다	おいしい おいしい		

♣ 어떤 기분일까?(どんな きもち?)

 부끄럽다	てれくさい		
	てれくさい		
 괴롭다	つらい		
	つらい		
 밝다	あかるい		
	あかるい		
 부럽다	うらやましい		
	うらやましい		
 기쁘다	うれしい		
	うれしい		
 슬프다	かなしい		
	かなしい		
 멋지다	すばらしい		
	すばらしい		

♣ 얼굴(かお) — 다음 그림에 선을 그어가며 각 명칭을 연습해 보세요.

머리	かみ				
눈썹	まゆげ				
눈물	なみだ				
코	はな				
충치	むしば				
이	は				
턱	あご				
혀	した				
입술	くちびる				
보조개	えくぼ				
볼	ほお				
귀	みみ				
눈	め				
이마	おでこ				

♣ 여러 가지 얼굴(いろいろな かお)

완고한 얼굴

がんこな かお

꼼꼼한 얼굴

きちょうめんな かお

얌전한 얼굴

おしとやかな かお

아니꼬운 얼굴

きざな かお

정직한 얼굴

しょうじきな かお

만사태평한 얼굴

のんきな かお

제멋대로인 얼굴

わがままな かお

짓궂은 얼굴

いじわるな かお

예사롭지 않은 얼굴

みなれない かお

♣ 몸(からだ) — 다음 그림에 선을 그어가며 각 명칭을 연습해 보세요.

머리카락	かみのけ				
머리	あたま				
얼굴	かお				
목	のど				
팔꿈치	ひじ				
배	はら				
배꼽	へそ				
장단지	もも				
무릎	ひざ				
발/다리	あし				
가슴	むね				
팔	うで				
종아리	ふくらはぎ				
겨드랑이	わきのした				

♣ 교실(きょうしつ) — 다음 그림에 선을 그어가며 각 명칭을 연습해 보세요.

시간표	じかんわり				
시계	とけい				
선생님	せんせい				
칠판	こくばん				
텔레비전	テレビ				
꽃병	かびん				
분필	チョーク				
학생	せいと				
책상	つくえ				
의자	いす				
사물함	ロッカー				
교과서	きょうかしょ				
연필	えんぴつ				
수족관	すいそう				

♣ 과일(くだもの)

복숭아

もも

포도

ぶどう

오렌지

オレンジ

레몬

レモン

배

なし

귤

みかん

바나나

バナナ

파인애플

パイナップル

수박

すいか

♣ 직업(しごと)

아나운서

アナウンサー

의사

おいしゃさん

선생님

せんせい

소방관

しょうぼうし

카메라맨

カメラマン

과학자

かがくしゃ

요리사

コックさん

화가

がか

축구 선수

サッカーせんしゅ

♣ 날씨(てんき)

맑음

はれ

흐림

くもり

비

あめ

눈

ゆき

눈보라

ふぶき

천둥

かみなり

태풍

たいふう

우박

ひょう

무지개

にじ

♣ 꽃(はな)

나팔꽃

あさがお

해바라기

ひまわり

클로버

クローバー

유채꽃

あぶらな

민들레

たんぽぽ

카네이션

カーネーション

코스모스

コスモス

장미

ばら

백합

ゆり

♣ 스포츠(スポーツ)

 농구	バスケットボール	 배구	バレーボール
 축구	サッカー	 테니스	テニス
 골프	ゴルフ	 야구	野球(やきゅう)
 럭비	ラグビー	 스케이트	スケート
 볼링	ボーリング	 탁구	ピンポン
 유도	柔道(じゅうどう)	 검도	剣道(けんどう)
 수영	水泳(すいえい)	 체조	体操(たいそう)
 스키	スキー	 육상	陸上(りくじょう)
 배드민턴	バドミントン	 스모	相撲(すもう)

♣ 동물(どうぶつ)

 개	犬(いぬ)	 양	羊(ひつじ)
 소	牛(うし)	 판다	パンダ
 여우	狐(きつね)	 말	馬(うま)
 다람쥐	りす	 너구리	狸(たぬき)
 캥거루	カンガルー	 원숭이	猿(さる)
 사자	獅子(しし)	 코알라	コアラ
 돼지	豚(ぶた)	 쥐	鼠(ねずみ)
 곰	熊(くま)	 개구리	蛙(かえる)
 기린	きりん	 호랑이	虎(とら)

♣ 나라(くに)

 한국	韓国(かんこく)	 미국	アメリカ
 영국	イギリス	 프랑스	フランス
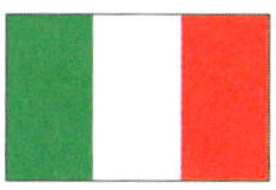 이탈리아	イタリア	 오스트레일리아	オーストラリア
 러시아	ロシア	 스웨덴	スウェーデン
 브라질	ブラジル	 네덜란드	オランダ
 스위스	スイス	 유럽연합(EU)	ヨーロッパ連合(れんごう)
 노르웨이	ノルウェー	 스페인	スペイン
 콜롬비아	コロンビア	 캐나다	カナダ
 중국	中国(ちゅうごく)	 독일	ドイツ

6. 가나 쓰기 연습

(1) あ행

あ [a]	あ	ア
い [i]	い	イ
う [u]	う	ウ
え [e]	え	エ
お [o]	お	オ

(2) か행

か [Ka]	か						
	カ						
き [Ki]	き						
	キ						
く [Ku]	く						
	ク						
け [Ke]	け						
	ケ						
こ [Ko]	こ						
	コ						

(3) さ 행

さ [sa]	さ						
	サ						
し [shi]	し						
	シ						
す [su]	す						
	ス						
せ [se]	せ						
	セ						
そ [so]	そ						
	ソ						

(4) た행

た [ta]	た						
	タ						
ち [chi]	ち						
	チ						
つ [tsu]	つ						
	ツ						
て [te]	て						
	テ						
と [to]	と						
	ト						

(5) な행

な [na]	な						
	ナ						
に [ni]	に						
	ニ						
ぬ [nu]	ぬ						
	ヌ						
ね [ne]	ね						
	ネ						
の [no]	の						
	ノ						

(6) は 행

は [ha]	は	ハ
ひ [hi]	ひ	ヒ
ふ [fu]	ふ	フ
へ [he]	へ	ヘ
ほ [ho]	ほ	ホ

(7) ま 행

ま [ma]	ま						
	マ						
み [mi]	み						
	ミ						
む [mu]	む						
	ム						
め [me]	め						
	メ						
も [mo]	も						
	モ						

(8) や 행

글자	따라 쓰기						
や [ya]	や						
	ヤ						
ゆ [yu]	ゆ						
	ユ						
よ [yo]	よ						
	ヨ						

(9) ら 행

ら [ra]	ら						
	ラ						
り [ri]	り						
	リ						
る [ru]	る						
	ル						
れ [re]	れ						
	レ						
ろ [ro]	ろ						
	ロ						

(10) わ 행

わ [wa]	わ						
	ワ						
を [wo/o]	を						
	ヲ						

★ 받침 역할

ん [m/n/ŋ/N]	ん						
	ン						

(11) が행

が [ga]	が						
	ガ						
ぎ [gi]	ぎ						
	ギ						
ぐ [gu]	ぐ						
	グ						
げ [ge]	げ						
	ゲ						
ご [go]	ご						
	ゴ						

(12) ざ 행

ざ [za]	ざ						
	ザ						
じ [ji]	じ						
	ジ						
ず [zu]	ず						
	ズ						
ぜ [ze]	ぜ						
	ゼ						
ぞ [zo]	ぞ						
	ゾ						

(13) だ 행

だ [da]	だ ダ
ぢ [ji]	ぢ ヂ
づ [zu]	づ ヅ
で [de]	で デ
ど [do]	ど ド

(14) ば 행

ば [ba]	ば
	バ
び [bi]	び
	ビ
ぶ [bu]	ぶ
	ブ
べ [be]	べ
	ベ
ぼ [bo]	ぼ
	ボ

(15) ぱ 행

ぱ [pa]	ぱ						
	パ						
ぴ [pi]	ぴ						
	ピ						
ぷ [pu]	ぷ						
	プ						
ぺ [pe]	ぺ						
	ペ						
ぽ [po]	ぽ						
	ポ						

(16) 요음

きゃ [kya]	きゃ				
	キャ				

きゅ [kyu]	きゅ				
	キュ				

きょ [kyo]	きょ				
	キョ				

しゃ [sha]	しゃ				
	シャ				

しゅ [shu]	しゅ				
	シュ				

しょ [sho]	しょ				
	ショ				

ちゃ [cha]	ちゃ				
	チャ				

ちゅ [chu]	ちゅ				
	チュ				

ちょ [cho]	ちょ				
	チョ				

にゃ [nya]	にゃ				
	ニャ				

にゅ [nyu]	にゅ				
	ニュ				

にょ [nyo]	にょ				
	ニョ				

ひゃ [hya]	ひゃ				
	ヒャ				

ひゅ [hyu]	ひゅ				
	ヒュ				

ひょ [hyo]	ひょ				
	ヒョ				

みゃ [mya]	みゃ				
	ミャ				

みゅ [myu]	みゅ				
	ミュ				

みょ [myo]	みょ				
	ミョ				

りゃ [rya]	りゃ				
	リャ				

りゅ [ryu]	りゅ				
	リュ				

りょ [ryo]	りょ				
	リョ				

ぎゃ [gya]	ぎゃ				
	ギャ				

ぎゅ [gyu]	ぎゅ				
	ギュ				

ぎょ [gyo]	ぎょ				
	ギョ				

じゃ [zya]	じゃ				
	ジャ				

じゅ [zyu]	じゅ				
	ジュ				

じょ [zyo]	じょ				
	ジョ				

びゃ [bya]	びゃ				
	ビャ				

びゅ [byu]	びゅ				
	ビュ				

びょ [byo]	びょ				
	ビョ				

ぴゃ [pya]	ぴゃ				
	ピャ				

ぴゅ [pyu]	ぴゅ				
	ピュ				

ぴょ [pyo]	ぴょ				
	ピョ				

7. 정답

형성평가 1 p.17

1. 생략

2.

さ	し	す	せ	い	た	お	ち	つ	て	と	さ
は	ひ	ふ	う	へ	あ	ほ	え	す	せ	そ	さ
ま	み	む	え	め	も	や	う	ゆ	よ	ら	り
わ	を	ん	ま	お	ひ	い	は	ひ	ふ	う	へ
か	き	く	け	こ	あ	か	ち	つ	て	と	さ

3.

① [o] - お　② [a] - あ
③ [e] - え　④ [u] - う
⑤ [i] - い
⑥ あい　⑦ いえ
⑧ うえ　⑨ おう

형성평가 2 p.20

1. 생략

2. か き く け こ
さ し す せ そ

3.

① - (d)　② - (a)
③ - (c)　④ - (b)

형성평가 3 p.23

1. 생략

2.

〈보기〉ね　た　な　つ　と　ぬ　の

① たこ　② いぬ
③ なつ　④ とけい

3.

あ	い	う	え	お	た	か	き	く	け	こ
さ	し	す	せ	に	つ	ぬ	そ	は	ひ	ふ
へ	ほ	ま	ね	み	む	め	ち	も	や	ゆ
ん	を	の	わ	ろ	れ	る	り	て	ら	よ
か	と	な	に	ぬ	ね	の	た	ち	つ	さ
き	は	ら	わ	さ	つ	か	こ	え	せ	し
く	ほ	り	を	し	て	き	あ	お	そ	す
け	ふ	る	ん	す	と	く	い	ら	り	る
こ	へ	れ	ね	せ	な	け	う	れ	ろ	ん
あ	い	う	え	ぬ	に	お	ま	み	む	め

형성평가 4 p.26

1. 생략
2. **は** ひ **ふ** へ **ほ**
   ま み **む** **め** も

3.

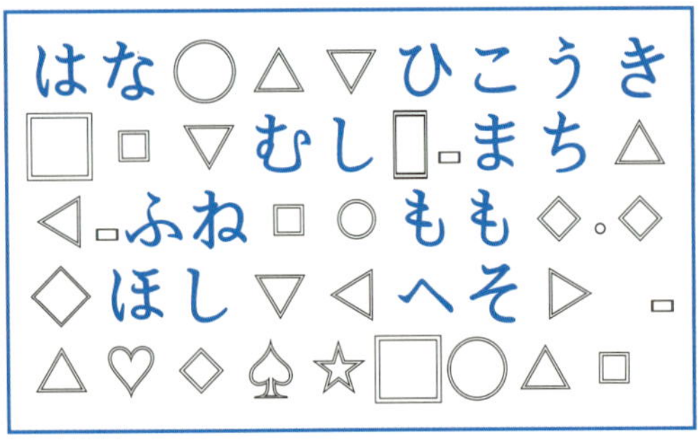

형성평가 5 p.30

1. 생략
2.

か	き	く	**や**	に	ぬ	ね	**ゆ**	の	は	ひ	**よ**	ふ	へ	ほ
さ	**ら**	あ	**り**	ま	み	**る**	む	め	**れ**	は	ひ	**ろ**	ふ	へ
あ	い	わ	う	え	を	お	か	き	**を**	く	た	**わ**	ち	つ

3.
① Ⓐ – ⓑ　② Ⓓ – ⓒ
③ Ⓒ – ⓓ　④ Ⓑ – ⓐ

형성평가 6 p.38

1. 보기 : かかみ/かがみ (ちがう)
   ① おなじ : かぎ/かぎ
   ② おなじ : げた/げた
   ③ ちがう : ひさ/ひざ
   ④ おなじ : みず/みず
   ⑤ ちがう : たれ/だれ
   ⑥ ちがう : こつかい/こづかい
   ⑦ おなじ : ばら/ばら
   ⑧ ちがう : ふた/ぶた
   ⑨ おなじ : ぱたぱた/ぱたぱた
   ⑩ ちがう : ぼろぼろ/ぽろぽろ

2. 보기 : かがみ
   ① かき
   ② けた
   ③ ひざ
   ④ みす
   ⑤ だれ
   ⑥ こづかい
   ⑦ はら
   ⑧ ふた
   ⑨ ばたばた
   ⑩ ぼろぼろ

형성평가 7 p.47

1. 보기 : びょういん/びょういん(おなじ)
   ① ちがう : いしゃ/いしや
   ② おなじ : ひよう/ひよう
   ③ ちがう : りゅう/りゆう
   ④ ちがう : ゆうしょう/ゆうそう
   ⑤ おなじ : さけ/さけ
   ⑥ ちがう : にょろにょろ/のろのろ
   ⑦ ちがう : きゃく/きやく
   ⑧ おなじ : じゅう/じゅう
   ⑨ ちがう : くじゃく/くざく
   ⑩ おなじ : ぴょこぴょこ/ぴょこぴょこ

2. 보기 : びよういん

①いしや

②ひょう

③りゆう

④ゆうそう

⑤しゃけ

⑥のろのろ

⑦きやく

⑧じゆう

⑨くじゃく

⑩ぽこぽこ

형성평가 8 p.50

1. 보기 : しって/して(ちがう)

①おなじ : いっかい/いっかい

②おなじ : がっこう/がっこう

③ちがう : あっさり/あさり

④ちがう : ざっし/ざし

⑤おなじ : きて/きて

⑥ちがう : おっと/おと

⑦おなじ : いっぱい/いっぱい

⑧ちがう : きっぷ/きぷ

⑨ちがう : ちょっと/ちょと

⑩ちがう : まってね/まてね

2.보기 : しって

①いかい

②がこう

③あっさり

④ざっし

⑤きって

⑥おと

⑦いぱい

⑧きっぷ

⑨ちょっと

⑩まてね

형성평가 9 p.53

1. 보기 : たんぽぽ/たぽぽ(ちがう)

①ちがう : ぶんめい/ぶめい

②ちがう : けんぶつ/けぶつ

③おなじ : はんたい/はんたい

④ちがう : もんだい/もだい

⑤おなじ : でんき/でんき

⑥おなじ : りんご/りんご

⑦ちがう : べんり/べいり

⑧ちがう : でんわ/でうわ

⑨おなじ : よんひゃく/よんひゃく

⑩ちがう : れんあい/れんがい

2. 보기 : たんぽぽ

①ぶめい

②けんぶつ

③はたい

④もだい

⑤でんき

⑥りあご

⑦べんり

⑧でんわ

⑨よひゃく

⑩れんあい

형성평가 10 p.56

1. 보기 : おにいさん/おにさん(ちがう)

① ちがう : おばあさん/おばさん

② おなじ : おかあさん/おかあさん

③ ちがう : おじいさん/おじさん

④ ちがう : ゆうぐれ/ゆぐれ

⑤ おなじ : くうき/くうき

⑥ ちがう : せんせい/せんせ

⑦ おなじ : とけい/とけい

⑧ おなじ : おおぜい/おおぜい

⑨ ちがう : おとうさん/おとさん

⑩ ちがう : いもうと/いもと

2. 보기 : おにさん

① おばさん

② おかいさん

③ おじいさん

④ ゆうぐれ

⑤ くき

⑥ せんせ

⑦ とけい

⑧ おぜい

⑨ おとうさん

⑩ いもうと

종합평가 p.57

1.

① - ⓑ ② - ⓓ ③ - ⓒ ④ - ⓐ

2.

① - ⓑ ② - ⓓ ③ - ⓐ ④ - ⓒ

3.

① - ⓒ ② - ⓓ ③ - ⓐ ④ - ⓑ

4.

① - ⓒ ② - ⓓ ③ - ⓑ ④ - ⓐ

형성평가 11 p.64

1.

▶ア 행⇒	ア	イ	ウ	エ	オ
▶カ 행⇒	カ	キ	ク	ケ	コ
▶サ 행⇒	サ	シ	ス	セ	ソ
▶タ 행⇒	タ	チ	ツ	テ	ト
▶ナ 행⇒	ナ	ニ	ヌ	ネ	ノ

2.

①—ⓔ ②—ⓓ ③—ⓑ

④—ⓒ ⑤—ⓐ

⑥—ⓗ ⑦—ⓙ ⑧—ⓖ

⑨—ⓘ ⑩—ⓕ

3.

①	セ	ー	タ	ー
②	ケ	ー	キ	
③	バ	ナ	ナ	
④	ド	ー	ナ	ツ
⑤	バ	イ	ク	
⑥	ラ	イ	オ	ン

형성평가 12 p.70

1.

▶ハ행⇒ ハ ヒ フ ヘ ホ

▶マ행⇒ マ ミ ム メ モ

▶ヤ행⇒ ヤ ユ ヨ

▶ラ행⇒ ラ リ ル レ ロ

▶ワ행⇒ ワ ヲ

2.

①－ⓓ ②－ⓑ ③－ⓔ

④－ⓐ ⑤－ⓒ

⑥－ⓙ ⑦－ⓗ ⑧－ⓖ

⑨－ⓘ ⑩－ⓕ

3.

① フルート

② ホテル

③ ゲーム

④ ヤクルト

⑤ ラーメン

⑥ ロボット

형성평가 13 p.77

1.

▶ガ행⇒ ガ ギ グ ゲ ゴ

▶ザ행⇒ ザ ジ ズ ゼ ゾ

▶ダ행⇒ ダ ヂ ヅ デ ド

▶バ행⇒ バ ビ ブ ベ ボ

▶パ행⇒ パ ピ プ ペ ポ

2.

①－ⓒ ②－ⓓ ③－ⓐ

④－ⓑ ⑤－ⓔ

⑥－ⓗ ⑦－ⓘ ⑧－ⓖ

⑨－ⓙ ⑩－ⓕ

3.

① グループ

② ゴルフ

③ ズボン

④ デザート

⑤ ダイエット

⑥ ソープ

형성평가 14 p.85

1.

キャ	キュ	キョ
シャ	シュ	ショ
チャ	チュ	チョ
ニャ	ニュ	ニョ
ヒャ	ヒュ	ヒョ
ミャ	ミュ	ミョ
リャ	リュ	リョ

ギャ	ギュ	ギョ
ジャ	ジュ	ジョ
ビャ	ビュ	ビョ
ピャ	ピュ	ピョ

2.

①—ⓔ ②—ⓐ ③—ⓑ
④—ⓓ ⑤—ⓒ
⑥—ⓘ ⑦—ⓙ ⑧—ⓕ
⑨—ⓗ ⑩—ⓖ

3.

①

ちゅ	ー	り	つ	ぷ
チュ	ー	リ	ッ	プ

②

きゃ	ん	ぷ
キャ	ン	プ

③

じゅ	ー	す
ジュ	ー	ス

④

ぱ	じゃ	ま
パ	ジャ	マ

종합평가 p.89

1.

①—ⓓ ②—ⓑ ③—ⓒ ④—ⓐ

2.

①—ⓓ ②—ⓒ ③—ⓐ ④—ⓑ

3.

① ラメ-ン ⇒ | ラ | ー | メ | ン |

② ジュスー ⇒ | ジュ | ー | ス |

③ ユニホム ⇒ | ユ | ニ | ホ | ー | ム |

④ ノト ⇒ | ノ | ー | ト |

⑤ スーポーツ ⇒ | ス | ポ | ー | ツ |

⑥ ケキー ⇒ | ケ | ー | キ |

4.

①—ⓓ ②—ⓑ ③—ⓒ ④—ⓐ

8. QR코드 : 듣기 파일 자료 목차

1. 오십음도(五十音図)　Track 1

2. 히라가나(ひらがな)
   - (1) 청음(清音)　Track 2~11
   - (2) 탁음(濁音)　Track 12~15
   - (3) 반탁음(半濁音)　Track 16~17
   - (4) 요음(拗音)　Track 18~19
   - (5) 촉음(促音)　Track 20~21
   - (6) 발음(撥音)　Track 22~23
   - (7) 장음(長音)　Track 24~25

3. 가타카나(カタカナ)
   - (1) 청음(清音)　Track 26~35
   - (2) 탁음(濁音)　Track 36~39
   - (3) 반탁음(半濁音)　Track 40
   - (4) 요음(拗音)　Track 41
   - (5) 촉음(促音)　Track 42
   - (6) 발음(撥音)　Track 43
   - (7) 장음(長音)　Track 44

4 노래와 그림으로 배우는 가나 문자　Track 45~51

일본어 문자표 오십음도

당고 가나야 놀자!

段 / 行	あ段	い段	う段	え段	お段
あ行	あ ア [a] あさがお 나팔꽃	い イ [i] すいか 수박	う ウ [u] うし 소	え エ [e] かえる 개구리	お オ [o] おう 왕
か行	か カ [ka] かお 얼굴	き キ [ki] たぬき 너구리	く ク [ku] かく 쓰다	け ケ [ke] けんどう 검도	こ コ [ko] こえ 목소리
さ行	さ サ [sa] かさ 우산	し シ [shi] しし 사자	す ス [su] いす 의자	せ セ [se] せんせい 선생님	そ ソ [so] そこ 거기
た行	た タ [ta] たこ 문어	ち チ [chi] ちち 아버지	つ ツ [tsu] ひつじ 양	て テ [te] たて 세로	と ト [to] とけい 시계
な行	な ナ [na] なつ 여름	に ニ [ni] にじ 무지개	ぬ ヌ [nu] いぬ 개	ね ネ [ne] ねこ 고양이	の ノ [no] つの 뿔
は行	は ハ [ha] はな 꽃	ひ ヒ [hi] ひこうき 비행기	ふ フ [fu] ふね 배	へ ヘ [he] へび 뱀	ほ ホ [ho] ほし 별
ま行	ま マ [ma] くま 곰	み ミ [mi] ねずみ 쥐	む ム [mu] むし 벌레	め メ [me] あめ 비	も モ [mo] もも 복숭아
や行	や ヤ [ya] やきゅう 야구		ゆ ユ [yu] ゆき 눈		よ ヨ [yo] よい 좋다
ら行	ら ラ [ra] とら 호랑이	り リ [ri] あり 개미	る ル [ru] くるま 자동차	れ レ [re] れきし 역사	ろ ロ [ro] ろく 6
わ行	わ ワ [wa] わに 악어		を ヲ [wo, o] だんごをたべる 경단을 먹다		ん ン 받침[m, n, ŋ, N] みかん 귤

일본어 펜글씨 교본

당고 가나야 놀자

초판 1쇄 인쇄 2025년 8월 13일
초판 1쇄 발행 2025년 8월 20일

지은이 이혜경
녹 음 이케베 가즈히코, 이토 교코
펴낸이 김재광
펴낸곳 솔과학
편 집 바다
영 업 최희선
등 록 제10-140호 1997년 2월 22일
주 소 서울특별시 마포구 독막로 295번지 302호(염리동 삼부골든타워)
전 화 02)714-8655
팩 스 031)422-4656
E-mail solkwahak@hanmail.net

ISBN 979-11-7379-028-7 53730

값 13,000원